PIEPER · DREI FERNSEHSPIELE

JOSEF PIEPER

KÜMMERT EUCH NICHT UM SOKRATES

Drei Fernsehspiele

JOHANNES

Bild auf der Umschlagseite:
Sokrates. Rom, Museo Nazionale Romano
Photo: DAI Rom

2. leicht veränderte Auflage 1993
© Johannes Verlag Einsiedeln, Freiburg
Druck: Offizin Chr. Scheufele Stuttgart
ISBN 3 89411 320 0

CLEMENS MÜNSTER
DEM FREUNDE SEIT JE
DANKBAR ZUGEEIGNET

INHALT

Gorgias
oder: Wortmissbrauch und Macht
9

Das »Gastmahl«
73

Der Tod des Sokrates
123

Nachbemerkung
über die Gegenargumente
179

Anmerkungen
187

GORGIAS
ODER: WORTMISSBRAUCH UND MACHT

Personen

Sokrates   Professor
Gorgias   Schriftsteller
Polos   Journalist
Kallikles   Abgeordneter
Junge Frau
Sprecher

Weil das Stück so angelegt ist, daß sich in ihm der platonische Dialog »Gorgias« mit einem modernen Rahmendialog verschränkt, hat jeder Schauspieler, mit einer Ausnahme, zwei Rollen zu spielen. Beide Rollen aber stehen insofern in Zusammenhang, als die Charaktere des Rahmendialogs denen des platonischen Dialogs innerlich verwandt und zugeordnet sind – was allerdings nicht auf eine allzu direkte Weise zutage treten sollte.

Die Personen

Der PROFESSOR *ist ein gerade nicht »professoral« wirkender Kenner und vor allem Liebhaber der antiken Philosophie. Liebenswürdig, ernst; auf keinen Fall akademisch-feierlich; eher realistisch-resolut; seine Überlegenheit durch gutartige Selbstironie mildernd und erträglich machend. Etwa sechzigjährig. – Er muß fähig sein, sozusagen unvermerkt und glaubhaft in die Rolle des* SOKRATES *hinüberzuwechseln. Zu dieser letzteren Figur ist hier zu sagen, daß gerade der Sokrates des platonischen Dialogs »Gorgias« Züge in sich vereinigt, die nicht glatt zueinander »passen« und die Platon sonst auf mehrere Dialoge zu verteilen pflegt: gedankliche Genauigkeit bis zur Pedanterie; Verantwortungsernst und Pathos; anderseits Lust an der Ironie bis zum Sarkasmus, an Parodie und Karikatur; spielerisches Vergnügen an dialektischen Tricks.*

Der SCHRIFTSTELLER, *ein einigermaßen berühmter Autor, etwa gleichen Alters wie der Professor und mit ihm befreundet. In seiner Haltung verbindet sich eine etwas krampfhafte, auf formale Intelligenz und öffentlichen Erfolg gegründete Sicherheit mit einem durch freundliche Skepsis teils eingestandenen, teils verdeckten Mangel an metaphysischer Soli-*

dität. – Der platonische GORGIAS ist ein ungewöhnlicher literarischer Könner, der sich auf Wortzauberei und Sprachmagie versteht. Durch gewaltigen Publikumserfolg verwöhnt, ist er nicht mehr gefaßt auf die Art von Kritik, die Sokrates für ihn bereithält. Bei aller mehr traditionell-gesellschaftlich bestimmten »Anständigkeit« im Grunde Nihilist.

Der JOURNALIST, betont Repräsentant der »Jungen Generation«, ist ein unruhiger Geist; rasch entzündet, cholerisch, zum Fanatismus neigend; dabei spritzig, »versiert«, kritisch, das letztere gelegentlich bis an die Grenze der Taktlosigkeit. – POLOS ist Schüler und »Assistent« des Gorgias. Einerseits eingeschworen auf die Lehre des Meisters, die er mit Heftigkeit verficht; anderseits in seiner prinzipiellen Bindungslosigkeit konsequenter und radikaler als Gorgias.

Der ABGEORDNETE ist aus der Studienzeit mit Professor und Schriftsteller bekannt; aber jünger als beide; der Schriftsteller ist für ein paar Tage bei ihm zu Gast. Typ des gebildeten Managers; völlig beansprucht durch unmittelbar praktisch-politische Aufgaben, respektiert er im Gespräch, ohne spontane Interessiertheit, aber höflich und in untadeliger Form literarische und »geistige« Themen – wobei er gelegentlich das »Realistische« des eigenen Standpunkts unterstreicht. – Der KALLIKLES des platonischen Dialogs ist nicht, wie Gorgias und Polos, »Intellektueller«, sondern politischer Praktiker. Er verkörpert den Menschen ohne Wahrheitsverhältnis, für den die Wirklichkeitserforschung und die Realisierung von Zwecken zwei völlig voneinander getrennte Bereiche sind: »Wahrheitssuche«, der Kategorie »grüner Tisch« zugeordnet, behindert den, der praktisch etwas zuwege bringen will.

Die JUNGE FRAU *ist die Begleiterin des Journalisten, mit ihm befreundet, aber in Typus und Haltung von ihm grundverschieden. Sie ist die einzige Figur, die in dem platonischen Dialog keine Rolle hat. Wache Intelligenz, aber sehr ruhig und dadurch überlegen wirkend. Freundlich-verehrend dem Professor zugetan. Durch resolute, auf anschauliche Genauigkeit zielende common-sense-Fragen fordert sie Erläuterungen zum platonischen Text heraus, deren auch der Zuhörer bedarf.*

Ort der Handlung

ist das geräumige Arbeitszimmer des Professors. Zwischen den Bücherwänden Großphotos klassischer griechischer Landschaften, sowie Porträt-Plastiken antiker Philosophen, darunter die Sokrates-Figur von Lysipp (London) und die Platonbüste aus dem Vatikan.

Aufblenden auf eine Akropolis-Darstellung des 18. Jahrhunderts. Rahmen des Bildes nicht sichtbar. Darüber blenden Titel und Vorspann ein. – Während die Kamera langsam zurückfährt und einen Teil des Arbeitszimmers vor den Blick bringt, beginnt der unsichtbar bleibende Sprecher.

SPRECHER: Der folgende Disput beginnt hier und heute, in unserer gegenwärtigen Zeit. Und er kehrt auch immer wieder dahin zurück. Zum andern, weitaus wichtigsten Teil aber spielt er sich ab im Athen der großen »klassischen« Zeit, um die Wende vom 5. zum 4. vorchristlichen Jahrhundert. Der Autor dieser antiken Strähne des Gesprächs hat gleichfalls vor mehr als zweitausend Jahren gelebt: es ist Platon, einer der Ahnherren allen europäischen Philosophierens, bis auf den heutigen Tag. Eben hierin erweist sich, unter anderem, seine Größe: der Dahingang der Jahrtausende hat die Frische seines Wortes und das Gewicht seiner Argumente kaum berührt. Und auch die sehr konkret gezeichneten Figuren, die Platon in seinen Dialogen miteinander ins Gespräch gebracht hat, miteinander und mit dem Einen, Unvergleichlichen, mit Sokrates – Philosoph, Steinmetz und Wahrheitszeuge, von den Athenern zum Tode durch den Schierlingsbecher verurteilt [399 vor Christus] –, auch diese menschlichen Gestalten gibt es heute genauso wie damals: den Mann der bedenkenlosen politischen Machtpraxis; den nihilistischen Wortemacher, anfällig für jede Einwirkung, die Vorteil verspricht; und auch den, wie Sokrates, unbeirrt um Wahrheit und Gerechtigkeit bemühten Menschen – so jedenfalls ist inständig zu hoffen – auch ihn gibt es in dieser, unserer Zeit, nicht anders als eh und je.

Damit sind übrigens schon die Figuren unseres Spiels, die wichtigsten unter ihnen, genannt.

Jetzt wird der Professor sichtbar, der Gläser, Flaschen, Zigaretten bereitstellt.
Wie gesagt, es beginnt hier und heute – im Arbeitszimmer eines Hochschullehrers. Sommerabend; gegen zehn Uhr. Es werden noch Gäste erwartet; einer vor allem, ein berühmter Schriftsteller, dessen Namen jeder kennt; dem Hausherrn von der Studienzeit her befreundet.
Der Professor blickt auf die Uhr.
Gerade eben, vor wenigen Minuten vermutlich, hat er einen öffentlichen Vortrag beendet; er ist wohl schon auf dem Wege hierher.
Der Professor schaltet das Licht der beiden Stehlampen und der Schreibtischlampe an.
Hoffentlich wird man ihm, dem Verwöhnten und Anspruchsvollen, klarmachen können, wieso es diesmal unmöglich war, dabei zu sein, »zu seinen Füßen zu sitzen«...
Es klingelt.
Der Professor geht hinaus, um den ankommenden Gästen zu öffnen. Man hört von draußen Stimmen:
SCHRIFTSTELLER: ...aber es ist ja nicht der Rede wert – ich bitte dich...
PROFESSOR: Doch, doch, es ist...
Währenddessen tritt zuerst der Abgeordnete ein, der seinen Blick interessiert-respektvoll die Bücherwände entlangwandern läßt. Kurz darauf führt der Hausherr den Schriftsteller herein.
SCHRIFTSTELLER *lachend*: Ich selber wäre jedenfalls niemals hingegangen – erst recht nicht auf diese Ankündigung hin.
PROFESSOR: Du gehst also nur zu deinen eigenen Vorträgen? *Will etwas zu trinken herbeiholen, kehrt aber noch einmal zurück.* Ja, die Ankündigung. Sehr klar war sie nicht. Was eigentlich ist es nun gewesen – eine Lesung aus deinen Büchern? Oder hast du einen Vortrag gehalten?

ABGEORDNETER *bevor der Schriftsteller antworten kann:* Beides! Es war beides. Und beides war großartig! Das Auditorium, der Saal – es gab keinen leeren Stuhl mehr – die Leute also waren begeistert. Ich habe sie sehr genau beobachtet. Ihnen ist etwas entgangen; Sie haben etwas versäumt. – Nur eines war furchtbar – *er zieht mit einiger Umständlichkeit lachend ein Zigarren-Etui hervor* – ich habe den ganzen Abend gedarbt. Ist das erlaubt hier?

PROFESSOR *ein Kistchen Zigarren herbeiholend:* Aber ja, aber bitte, – oder sind Sie, aha, ich sehe es schon, spezialisiert? Auf etwas besonders Exquisites?

Der Abgeordnete hat bereits dem eigenen Etui eine Zigarre entnommen, die er genießerisch betrachtet und manipuliert; er ist während des Folgenden völlig mit dem Ritus des Zigarren-Anzündens beschäftigt.

ABGEORDNETER: Würden Sie es mir sehr übelnehmen, wenn ich bei dieser bleibe...?

PROFESSOR: Aber ich bitte Sie.

Der Schriftsteller wartet mit lächelnder Geduld; er ist sichtlich etwas ermüdet, aber auch animiert durch den Erfolg; er spricht davon ein bißchen zu beiläufig.

SCHRIFTSTELLER: Ja, ich habe zuerst etwas gesagt – mehr prinzipiell. Die Strukturwandlungen der modernen Literatur, ganz allgemein. Und dann habe ich gelesen. Das meiste noch unveröffentlicht. »Noch« unveröffentlicht – na ja, vielleicht wird es überhaupt nicht erscheinen; vielleicht wird es nie »fertig«...

PROFESSOR *unterbricht ihn:* Um so schlimmer! Um so schlimmer dann, daß ich nicht dabei... *Er stockt für kurze Zeit und fährt dann in veränderter, ernsterer Redeweise fort:* Nein! Weißt du, eigentlich ist es mal ganz gut, daß wir jetzt keinen Anlaß zum Streiten haben. Meinst du nicht? Fast immer sind wir doch sonst nahe daran gewesen, uns zu zerstreiten. Erinnerst du dich?

SCHRIFTSTELLER *der offenbar eine sachlich-ernste Diskussion vermeiden will:* Zerstreiten? Nein! Diskutiert haben wir, debattiert, gestritten meinetwegen. Ich fand es immer sehr amüsant...

PROFESSOR: Sag immerhin: Wie lautet denn im Augenblick das Feldgeschrei? Ich lebe in der tiefsten Provinz, weißt du. *Er weist auf die Bücherwände.* Meine Tochter – du hast sie ja gesehen, letztes Mal; inzwischen ist sie eine geradezu rabiate Verehrerin deiner Bücher geworden; ich soll dir Grüße ausrichten, sie sei tieftraurig, enttäuscht, untröstlich – und so weiter und so fort; also diese meine Tochter findet vor allem einen Essay von dir so besonders wichtig; natürlich sagt sie nicht »wichtig«, sie sagt »phantastisch«, »himmlisch« – den Essay über das Artifizielle! Hast du darüber kürzlich geschrieben?

SCHRIFTSTELLER *den genauen Wortlaut betonend, in der Sprechweise des Zitierens:* Ja! »Gegen die Verfemung des Artifiziellen«. Darüber habe ich kürzlich geschrieben. Aber das ist ja erst vor einigen Tagen erschienen! Respekt vor deiner Tochter, daß sie es schon kennt und anscheinend sogar gelesen hat! Und »himmlisch« findet sie's auch noch!

PROFESSOR: Ach, dann ist dies das Feldgeschrei? Eine Lanze für das Artifizielle! Für das Künstliche also? Was meint ihr denn damit?

Der Schriftsteller will zuerst »weit ausholen«, hat aber dann offenbar keine rechte Lust zu einer ernsthaften und anstrengenden Erörterung.

SCHRIFTSTELLER: Ich meine damit folgendes. Der Unterschied zwischen dem Natürlichen und dem Künstlichen wird maßlos überschätzt. In Wirklichkeit ist er unwesentlich.

Im Grunde existiert er gar nicht. Das Künstliche, das heißt, alles was der Mensch macht, herstellt, produziert, erzeugt [Autos, Eisschränke, physikalische und philosophische Theorien, Gedichte] – alles das ist doch genauso »natürlich« wie das, was der Mensch schon vorfindet in der Welt, wie »die Natur« also, er selber, der Mensch, einbegriffen...
PROFESSOR: Aber das ist doch nicht dein Ernst?! Die Sache ist doch so...
Klingelzeichen.
Der Professor ist etwas betroffen. Leichter Anflug von Ärger. Er steht auf und wendet sich zum Vorraum.
Was? Noch Besuch? Jetzt? Einen Moment, ich muß ja heute alles allein besorgen.
SCHRIFTSTELLER *sich plötzlich erinnernd*: Oh, das ist sicher der Dr. Rudolf. Mit seiner Kollegin. Das hätte ich fast vergessen. Du hast doch nichts dagegen?
PROFESSOR *zunächst wenig angetan scheinend*: Dr. Rudolf? Das ist doch der Journalist? Ja, ich kenne ihn. Schreibt ab und zu ganz witzig. Vor allem, wenn er »dagegen« ist.
SCHRIFTSTELLER: Sehr richtig, das ist seine Stärke. Oder auch seine Schwäche – wie man's nimmt. Es ist darum manchmal etwas schwierig mit ihm. Um so besser, daß diese junge Dame mit ihm kommt. Er scheint mit ihr irgendwie liiert zu sein. Sie ist übrigens auch »Doktor«, ich glaube Dr. jur.
ABGEORDNETER: Nein, Dr. rer. pol.; schreibt vor allem über sozialpolitische Dinge...
Erneutes Klingeln. Der Professor mit vielsagender Geste ab. Der Abgeordnete raucht genüßlich, schaut sich im Zimmer um, weist auf die Bücher.
Eine richtige Klause, was? Eine großartige Einsiedelei! Von so etwas träume ich manchmal – ob du das nun glaubst oder nicht.

SCHRIFTSTELLER *lacht*: Nein, das glaube ich dir nicht. Träumen – vielleicht! Aber du würdest es nicht einen Tag aushalten, hier zu leben.
Der Professor kommt mit den beiden neuen Gästen herein.
PROFESSOR *zu der jungen Dame gewendet*: Aber nein, nein! Nicht im geringsten! Ich freue mich. Sie sind schon miteinander bekannt?
JOURNALIST: Wir haben uns erst vor zehn Minuten getrennt.
Knappe Begrüßung durch Geste, Lächeln usw.
JUNGE FRAU *sich im Raum diskret-unbefangen umschauend; dann, nicht ohne Schwärmerei, aber doch eher feststellend:* Hier also leben Sie!
PROFESSOR *lacht*: Ja, hier wird gearbeitet.
JUNGE FRAU: In absoluter Einsamkeit...
PROFESSOR: Ich muß Sie nochmals enttäuschen: hierher lade ich mir auch manchmal meine Studenten ein. In diesem Sommer zum Beispiel lesen wir, hier, gemeinsam Platon.
JUNGE FRAU: Also – eine Art Symposion?
PROFESSOR: Wenn Sie so wollen: ja. In einem Kreis von acht bis zehn Leuten.
Die folgende Unterhaltung findet statt während der Professor die Gläser verteilt, einschenkt, Zigaretten anbietet.
SCHRIFTSTELLER: Griechisch?
PROFESSOR: Nein, nicht griechisch. So etwas ist leider nicht mehr zu verlangen. Was ich übrigens nicht so schlimm finde wie einige meiner Kollegen. Mir kommt es auf's Sprachliche im Grunde weniger an. Die »Sache« ist mir wichtiger.
SCHRIFTSTELLER: Aber es gibt doch kaum eine wirklich gute deutsche Übersetzung!
PROFESSOR: Das ist vielleicht etwas übertrieben. Aber – ich mache mir, tatsächlich, für unsere Platonlesungen die Übersetzungen selber.

ABGEORDNETER: So etwas möchte ich auch einmal treiben können – Platon lesen, völlig abgeschieden, weltenfern von aller Politik...

JUNGE FRAU *gutartig-ironisch*: »Weltenfern von aller Politik« – da möchte ich Sie aber mal sehen!

SCHRIFTSTELLER *lachend:* Das ist die Selbsttäuschung, der nur die ganz extremen Praktiker zum Opfer fallen.

JUNGE FRAU: Aber sie fallen ja gar nicht! Sie tun nur so...

Der Journalist inspiziert mit ziemlicher Ungeniertheit die Bücherregale und holt einzelne Bände hervor.

JOURNALIST: Stöbern ist doch nicht verboten?

PROFESSOR: Aber nein! Bilden Sie sich nach Herzenslust! *Zum Abgeordneten gewendet*: Übrigens, so weit weg von aller Politik, wie Sie vielleicht denken, ist Platon gar nicht! Die Studenten jedenfalls wundern sich ständig, daß wir immer wieder ins Aktuelle geraten. Gerade beim »Gorgias«! *Zu der jungen Frau gewandt:* Das ist der Dialog, den wir eben jetzt lesen. Unversehens reden wir von den Dingen, die uns heute genausoviel Sorgen machen, wie damals Sokrates oder Platon selbst.

JUNGE FRAU: Sie meinen wirklich, Platon redet von Dingen, die uns heute angehen? Was konnte man aber, vor... zweitausend Jahren, schon ahnen von unseren Problemen, von den Problemen des Atomzeitalters; da wäre ich wirklich...

ABGEORDNETER *der schon eine Zeitlang das Sokrates-Porträt betrachtet:* Entschuldigen Sie – wer ist das denn?

PROFESSOR *der gerade der jungen Frau antworten will:* Wen meinen Sie?

ABGEORDNETER *weist mit der Zigarre auf das Sokratesbild:* Ich meine diesen Faun da!

JOURNALIST *halblaut, zur Decke hinaufredend:* Oh, oh, oh! Und das in diesem Hause!

SCHRIFTSTELLER *mit betont beiläufiger Kennerschaft:* Das ist doch der Londoner Sokrates – von Lysipp?

PROFESSOR *den Journalisten und den Schriftsteller überhörend, zum Abgeordneten gewandt:* Ja, das ist Sokrates. Aber »Faun« – das ist gar nicht übel! Seine Freunde nannten ihn einen Silen.
Eine aufklappbare Silenfigur, »drinnen aber ein Götterbild« – sagt Alkibiades, schon etwas betrunken, im Symposion. Übrigens gibt es da noch eine Geschichte; Cicero erzählt sie.
Die junge Frau ist vor die Sokratesbüste getreten und wendet sich nun lebhaft um.

JUNGE FRAU: Erzählen Sie doch bitte. Sie scheint ja eine besondere Pointe zu haben – oder?

PROFESSOR: Stimmt! Eine sehr unerwartete Pointe jedenfalls. Also, eines Tages kommt ein berühmter Physiognomiker nach Athen. Auf dem Marktplatz tritt er in den Kreis um Sokrates, den er nie zuvor gesehen hat. Dieser Mann will zeigen, was er kann, und beginnt, den Charakter des Sokrates zu deuten – aus diesem Faunsgesicht. Das Resultat können Sie sich denken: Genußgier, Sinnlichkeit, Zuchtlosigkeit – lauter schlimme Dinge.

SCHRIFTSTELLER *sehr interessiert:* Ach, die Geschichte kannte ich nicht. Oder ich habe sie vergessen.

PROFESSOR: Ja, aber nun kommt es erst! Der Kreis um Sokrates hat sich das angehört – verdutzt, schweigend –, und dann bricht schallendes Gelächter los. Nur einer hat nicht gelacht: Sokrates selber. Er sagt: Dieser Mann hat völlig recht; das alles wäre aus mir geworden, hätte nicht der »logos« mich davor bewahrt.

JUNGE FRAU *die mit sichtlich wachsender Anteilnahme zugehört hat:* Der »logos«? Also die Vernunft?

PROFESSOR *zögernd:* »Die Vernunft« – das trifft den Sinn

nicht ganz – obwohl etwas durchaus benannt ist. »Die Wahrheit« – das wäre schon besser; aber...
Der Journalist ist beim Stöbern an den Schreibtisch des Hausherrn geraten und auch an die (hektographierten) Gorgias-Texte, in denen er schon blättert.
JOURNALIST: Ich bitte um Entschuldigung. Dies ist wohl der Text, den Sie jetzt mit Ihren Studenten lesen? Und die Übersetzung stammt von Ihnen?
PROFESSOR: Ja, die Übersetzung – und vor allem die Kürzung. Ich sagte ja schon: das bloß noch historisch Interessante an Platon berührt mich wenig. Mich fasziniert, was uns noch heute angeht. Und das ist wahrhaftig nicht wenig!
JUNGE FRAU: Ja, ich wollte Sie vorhin schon fragen: Wieso ist gerade dieser Dialog so aktuell?
Die junge Frau erbittet von dem Journalisten, der wieder, eine Anzahl von gehefteten Texten in der Hand, zu den andern getreten ist, ein Exemplar, sie liest halblaut den Titel: Platons »Gorgias«. Wer war das noch gleich?
PROFESSOR: Das ist ein bißchen viel auf einmal gefragt. – Wenn ich dem Dialog einen Titel geben sollte, dann würde ich ihn überschreiben: »Politik und Rhetorik«.
JUNGE FRAU: »Rhetorik«?
JOURNALIST: Eine hoffnungslos antike Angelegenheit. Völlig passé.
PROFESSOR: Im Gegenteil! Sehr aktuell! Natürlich, das Wort »Rhetorik« ist antiquiert, kein Mensch redet heute von Rhetorik. Aber die Sache, das, was gemeint ist...
JUNGE FRAU *unterbricht*: Und was ist gemeint?
PROFESSOR: Gemeint ist – ja, »Publizistik«! *Zu dem Journalisten gewendet*: Also Ihr höchsteigenes Metier. Publizistik, Schriftstellerei, Journalismus, Literatur, Rundfunkkommentar – was weiß ich noch. Öffentlicher Wortgebrauch

überhaupt. Allerdings: methodisch betrieben, und mit Kunstverstand. So etwa könnte man sagen.

JUNGE FRAU *in ihrem Text blätternd, dann das Wort sozusagen ausprobierend, sehr rasch:* »Wortgebrauch«, »Wortgebrauch«; gut, »Politik und öffentlicher Wortgebrauch«! Ich muß sagen, das hört sich allerdings ganz aktuell an. Und dazu hat Platon eine bestimmte – Theorie?

PROFESSOR *zögernd:* »Theorie« – das Wort, so wie wir es heute verstehen, paßt nicht recht zu Platon...

SCHRIFTSTELLER *eingreifend, unterbrechend*: Aber diese Dialoge sind doch vor allem poetische Gebilde, man könnte sagen: es sind dramatische Prosadichtungen.
Jedenfalls handelt es sich um Gestaltung! Und nicht um »Theorie«, nicht um Behauptungen! Das ist etwas völlig anderes!

PROFESSOR *bedenklich:* Halt, einen Moment! Das muß nicht »etwas völlig anderes« sein! Wie du sehr wohl weißt! – Du sagst: Gestaltung, aber nicht Behauptung. Ich würde sagen: Im Falle Platons und seiner Dialoge handelt es sich um Behauptung durch Gestaltung. Jedenfalls aber um Thesen, um »Theorie«, auch um politische Theorie...

ABGEORDNETER *der zuletzt gespannt zugehört hat, unterbricht spontan:* »Politische Theorie« – so etwas gibt es doch gar nicht! »Theorie« – das ist eine Sache; und »Politik« – das ist eine andere Sache; eine ganz und gar untheoretische Sache! Es handelt sich doch einfach um Machtausübung!

JUNGE FRAU *unterbricht:* Oh, und wohl auch noch um einiges andere!

ABGEORDNETER: Nein, Verehrteste, es handelt sich um die Auseinandersetzung von Machtblöcken. Um die Durchsetzung von Interessen. Ohne jede Theorie. *Zu dem Schriftsteller gewendet:* Hier sind wir also – anscheinend

– einmal einig: Man soll Dinge, die nichts miteinander zu tun haben, nicht vermengen. Für mich liegt das Großartige an solchen Sachen wie Philosophie, Dichtung, auch an Platon, darin, daß sie nichts, aber auch absolut gar nichts zu tun haben mit der Politik – bei der es nun mal seit Menschengedenken sehr robust zugeht und wo man leicht die berühmten »schmutzigen Hände« bekommt. Das Wunderbare ist doch gerade, daß man diesen Dingen immer wieder mal den Rücken kehren kann. Man tritt in eine völlig andere Welt, riegelt hinter sich die Tür zu – und befindet sich zum Beispiel in dieser Gelehrtenklause: es wird Platon gelesen, und die Politik ist vergessen. Und jetzt soll auf einmal auch dies hier *er weist rundum auf Bücher und Bilder* politisiert werden? Das ist ja fürchterlich!

SCHRIFTSTELLER *zum Abgeordneten gewendet:* Tatsächlich, wir sind einer Meinung. Wer hätte das gedacht! Fast einer Meinung, würde ich allerdings sagen. – Schließlich ist Politik nicht nur blinde Praxis. Das wirst du wohl zugeben. Auch politisch engagierte Literatur – es gibt sie nicht bloß, sie wirkt auch, und zwar politisch. Aber – darin hast du völlig recht – daneben wird es, Gott sei Dank, immer auch die ganz andere Sache geben, die poésie pure, die reine Gestaltung, die reine Form, den reinen Gedanken...

PROFESSOR *unterbricht:* Was heißt hier »rein«? »Rein« wovon?

SCHRIFTSTELLER *nach einigem Nachdenken:* »Rein« – von jeder Zwecksetzung! Unabhängig! Unabhängig gegen jede Norm auch – ausgenommen natürlich das Gesetz der Gestaltung selbst. »Reine Gestalt«, »reiner Gedanke« – das bedeutet auch so viel wie Freiheit, würde ich sagen. Frei sein von allem – fast hätte ich gesagt: von allem Wirklichen. Womit ich diese muffige und spießige Realität des Trivialen, des Banausischen und so weiter meine. Ja, und diese Unabhängigkeit, Freiheit, diese »Reinheit« – die ist doch das Entscheidende an der Dichtung; und auch an der wahren Philosophie, denke ich mir. Dies ist doch wohl auch das Große an Platon. Oder etwa nicht?

PROFESSOR *lacht*: Schlicht gesagt: Nein! – Aber das ist schon wieder eine unerlaubte Vereinfachung.

JUNGE FRAU *unterbricht*: Vereinfachungen können nie schaden, finde ich. Unerlaubte Komplizierungen sind viel schlimmer!

PROFESSOR *zu den übrigen gewandt:* Das ist wahr! Aber wissen Sie, worüber ich lachen muß?

JOURNALIST: Vermutlich darüber, daß diese – ich zitiere – diese »Gelehrtenklause« sogar einen praktischen Politiker zu einer philosophischen Rede inspiriert hat...

JUNGE FRAU *ironisch, zu dem Abgeordneten gewendet:* So philosophisch war es nun ja auch wieder nicht!

Alle lachen.

PROFESSOR: Nein, was mich amüsiert, ist: daß wir unversehens mitten in den platonischen »Gorgias« geraten sind. Schade, daß meine Studenten uns nicht hören können! *Er wendet sich jetzt zu der jungen Frau, die noch immer den Gorgiastext geöffnet auf den Knien hält; er selbst nimmt gleichfalls den Text zur Hand.* Um genau das gleiche nämlich geht es hier.

JUNGE FRAU: Pardon, Herr Professor, was ist »gleich«? Um was, genau, geht es? Um die Politik?

PROFESSOR: Ja, auch! Aber zunächst meine ich den »reinen Gedanken«! Es geht um die vermeintlich »reine« Literatur, der es, angeblich, um die bloße »Gestaltung« zu tun ist, um die vollkommene Form, um das Sprachkunstwerk, die aber eben deswegen [weil sie prinzipiell gleichgültig ist gegen Inhalte!] für beliebige Zwecke, vor allem für politische, also für Machtinteressen in Dienst genommen werden kann und sich auch in Dienst nehmen läßt.

JUNGE FRAU: Ich finde das unglaublich aufregend. So müßte man den Platon interpretiert bekommen! – Sie wollten mir übrigens noch sagen, was für eine Figur dieser Gorgias ist...

PROFESSOR: Er ist, kurz gesagt, der Repräsentant der »reinen« Literatur, der angeblich reinen Literatur!

JUNGE FRAU: Und der kommt mit Sokrates ins Gespräch? Da muß es ja Späne geben!

PROFESSOR: Ja, es geht mörderisch zu. – Aber da sind noch einige andere Figuren, gefährlicher als Gorgias. Der wichtigste Mann ist Kallikles, ein Rhetor...

JUNGE FRAU *unterbricht:* Also auch ein – »Publizist«?

PROFESSOR: Nein. Nein. Der »Rhetor« im antiken Sprachgebrauch ist wieder etwas anderes...

JOURNALIST: »Rhetorik« heißt zwar »Publizistik«, aber der Rhetor ist kein Publizist! Sehr einleuchtend!

JUNGE FRAU *scherzhaft zurechtweisend zum Journalisten:* Rodolfo! Ausreden lassen, bitte! *Zum Professor:* Kallikles ist also nicht ein Kollege des Gorgias?

PROFESSOR: Nein! So wenig wie ein Parlamentarier dasselbe ist wie ein Vortragskünstler.

ABGEORDNETER *lacht schallend:* Doch! So etwas gibt es!

PROFESSOR *zum Abgeordneten gewandt:* Weil nämlich »Parlamentarier«, von parlare, wörtlich in der Tat »Redner« heißt. Dennoch ist das Entscheidende – an einem Abgeordneten – nicht das Literarische, sondern die politische Praxis. Zugegeben?

JUNGE FRAU: Natürlich! Einverstanden!

PROFESSOR: Nun, Gorgias ist Intellektueller, Literat, Professor der Rhetorik; aber Kallikles, der Rhetor, ist politischer Praktiker!

JUNGE FRAU *in den Text blickend:* Dann ist hier noch ein

Name: Polos oder Pōlos? *Sie spricht den Namen, probierend, zuerst mit kurzem, dann mit langem o-Laut.*
PROFESSOR: Ja, Pōlos – das ist ein junger, etwas frecher Intellektueller...
JUNGE FRAU *zum Journalisten:* Rodolfo, hast du das gehört? Das ist deine Rolle: »Frecher junger Intellektueller«!
JOURNALIST *mit ironischer Geste akzeptierend:* Der aber natürlich in die Schranken gewiesen wird – ich vermute, durch Sokrates persönlich.
PROFESSOR: So ähnlich, ja.
JUNGE FRAU *mit sichtlich steigendem Interesse:* Und das lesen Sie mit den Studenten? Mit verteilten Rollen?
PROFESSOR: Ja, natürlich mit verteilten Rollen. Die Studenten lieben das sehr.
JUNGE FRAU: Kann man da nicht einmal teilnehmen?
Der Professor macht freundlich-verneinende, dann wieder zweifelnde Gesten.
SCHRIFTSTELLER *im Text blätternd, hie und da lesend:* Das mit der poésie pure interessiert mich natürlich sehr. Dieser Gorgias...
ABGEORDNETER *in halb lachender, halb ärgerlich-ironischer Resignation:* Also, nun fangt doch schon an!
PROFESSOR: Wir haben ja längst angefangen. Wir sind ja schon mitten drin!
ABGEORDNETER: Aber ich höre zu! *Seine Zigarre betrachtend:* Ich werde mit Genuß zuhören.
PROFESSOR: Ihr Stichwort fällt sowieso erst im letzten Akt. Vielleicht überlegen Sie es sich bis dahin noch.
Der Abgeordnete macht [nicht sehr energisch] ablehnende Gebärden.
Mir macht es natürlich Spaß. – Aber wo beginnen?
JUNGE FRAU: Bekomme ich auch eine Rolle? Oder sind Frauen beim Symposion nicht zugelassen?

Professor: In Platons Symposion ist eine Frau sogar die Hauptfigur: Diotima. Allerdings, leibhaftig anwesend ist sie nicht. Und hier im Gorgias, völlig richtig vermutet, gibt es überhaupt keine Frauen. – Aber ich wüßte für Sie eine Rolle, eine sehr wichtige sogar: Sie spielen den Aufpasser!

Junge Frau *lachend*: Aber, worauf soll ich denn aufpassen?

Professor: Daß uns, daß dem »männlichen Intellekt« die Realität nicht außer Sicht gerät!

Junge Frau: Und wie soll ich das machen? Da bin ich aber gespannt!

Professor: Zum Beispiel, indem Sie protestieren! Indem Sie die schockierend konkreten und einfachen Fragen stellen. Sobald Ihnen die Diskussion zu sehr ins Abstrakte zu geraten scheint, verlangen Sie einfach Auskunft: »Bitte, was heißt das, konkret und genau?«

Junge Frau: Ich soll doch nicht etwa Platon korrigieren?

Professor: Nun, vielleicht nicht Platon – aber zum Beispiel meine Übersetzung. Ich traue ihr noch nicht ganz. Außerdem, wir werden uns vermutlich nicht allzulange auf die geduldige Platonlektüre beschränken...

Junge Frau: Ich soll also die dummen Fragen stellen? Keine dankbare Rolle, muß ich sagen!

Professor: Sagen Sie nichts gegen die »dummen Fragen«. Es sind die einzigen Fragen, die zum Beispiel Sokrates überhaupt für der Mühe wert gehalten hat! – Also; wo fangen wir an? *Der Professor blättert im Text rascher, und dann wieder langsamer, voraus und zurück.*
Die Ausgangssituation sieht so aus: Sokrates kommt zum Haus des Kallikles, des Politikers. Gorgias, der hier abgestiegen ist, hat soeben einen Vortrag beendet, einen »Prunkvortrag«, mit riesigem Erfolg. Sokrates also kommt zu spät. So muß man es machen, wenn Krieg

ist, ruft Kallikles ihm entgegen, eintreffen, wenn alles vorbei ist!

Kallikles nämlich tritt mit seinem berühmten Gast gerade aus dem Hause. *In etwas anderer Tonart, nachdenklich:* Übrigens – schon dieser Regie-Einfall Platons, dies »Arm-in-Arm« des literarischen und des politischen Erfolgsmannes scheint mir etwas zu besagen. »Behauptung durch Gestaltung«!

ABGEORDNETER: Was könnte – Pardon, das interessiert mich – was könnte denn hier behauptet sein?

PROFESSOR: Wie viel politischer Erfolg und sophistische Rhetorik miteinander zu tun haben ... können!

Also: Sokrates bittet, den weltbekannten Reisenden etwas fragen zu dürfen, etwas sehr Simples. Im Grunde ist es nur eine einzige Frage: Was das nämlich, genau und pünktlich, sei, diese wie ein Beruf betriebene Tätigkeit, dies Geschäft »Rhetorik«.

JOURNALIST: Lies Publizistik!

JUNGE FRAU: Rodolfo!

Lachen.

PROFESSOR: Ja, aber ich denke, es bleibt uns nichts anderes übrig, als diese antike Vokabel stehen zu lassen.

Damals übrigens – das gehört auch noch dazu –, damals, zur Zeit des Sokrates, scheint das Wort »Rhetorik« etwas geradezu Hypermodernes gewesen zu sein. Und wenn also Gorgias sagt: Mein Geschäft ist die Rhetorik – dann muß man vor allem den Anspruch mithören, den Anspruch avantgardistischer Modernität. Es gibt für »Rhetorik« eben doch kein völlig zutreffendes deutsches Wort – genausowenig wie für den »Gymnastiker«, von dem gleich die Rede sein wird. Also sagen wir ruhig »Rhetorik« und »Gymnastiker« – so schlimm finde ich das nicht.

– Also gut, sagt dann Sokrates – *zu der jungen Frau*

gewendet – haben Sie die Stelle gefunden? Oben auf Seite vier; ja, das ist es. *Zum Schriftsteller gewendet:* Und du übernimmst den Part des Gorgias?
Der Schriftsteller, der gerade einen Schluck Wein nimmt, nickt heftig.
Ausgezeichnet!

SOKRATES: Gut, mein lieber Gorgias, du behauptest, dich auf die Rhetorik zu verstehen und auch andere darin unterweisen zu können. – Womit hat es denn die Rhetorik zu tun? Worauf bezieht sie sich?

GORGIAS: Auf den Umgang mit dem Wort.

SOKRATES: Mit welchem Wort? Mit was für Worten? Es gibt Worte, die, sagen wir, einem Kranken klarmachen sollen, wie er sich verhalten muß, um wieder gesund zu werden...

GORGIAS: Die meine ich natürlich nicht.

SOKRATES: Also, die Rhetorik hat es nicht unterschiedslos mit jeder Art von Worten zu tun?

GORGIAS: Nein. Das ist doch klar.

SOKRATES: Aber sie macht fähig, mit Worten umzugehen?

GORGIAS: Ja. Aber die Worte müssen dabei zugleich das Entscheidende sein!

SOKRATES: Gut. Es gibt Tätigkeiten, zum Beispiel Malen oder die Kunst des Bildhauers, die in völligem Schweigen vor sich gehen könnten. Und es gibt andere Künste, die ohne das Wort nicht auskommen, bei denen sogar die ganze Wirkung auf dem Gebrauch der Worte beruht. Und eine Kunst solcher Art ist die Rhetorik?

GORGIAS: Natürlich!

SOKRATES: Aber, es gibt offenbar Künste, die ohne das Wort nicht auskommen und die du dennoch nicht Rhetorik nennen würdest – zum Beispiel, sagen wir, die Gestirnkunde. Sie redet – notwendigerweise! – von der Bewegung der Sterne und vom gegenseitigen Verhältnis ihrer Geschwindigkeiten... Also sag mir bitte, worauf sich, im Unterschied dazu, die Rhetorik bezieht! Was für Dinge sind es, wovon die Worte reden, mit denen die Rhetorik es zu tun hat.

GORGIAS *nach einer Pause, mit Nachdruck:* Es sind, mein lieber Sokrates, die wichtigsten und bedeutendsten menschlichen Dinge.

SOKRATES *zuerst anscheinend sehr angetan, dann zögernd, leicht ironisch:* Das ist eine Antwort, Gorgias! Aber – sie krankt ein wenig, auch sie, an Ungenauigkeit. Sie ist, scheint mir, noch immer zu vag.

Du kennst doch, vermute ich, das Lied, das die Leute singen beim Umtrunk: Das Beste ist, gesund zu sein; Schönheit ist das Zweite; und dann: reich werden auf ehrliche Weis...?

GORGIAS *rasch*: Doch, das Lied ist mir bekannt. Aber was soll das hier?

SOKRATES: Nun, weil doch sofort die Meister dieser drei gepriesenen Dinge ihren Einspruch anmelden werden: der Arzt, der Gymnastiker, der Geldmann. Der Arzt wird zu mir sagen: ›Gorgias täuscht dich; das Wichtigste, das es für den Menschen gibt – ja, damit hat meine Kunst es zu tun!‹ Und so wird auch der Gymnastiker reden: ›Meine Aufgabe ist es, die Menschen schön zu machen.‹ Und der Kaufmann, der Geldmacher – der wird alle andern verachten und zu mir sagen: ›Lieber Sokrates, denk einmal nach, kannst du dir irgend etwas denken, das, für Gorgias oder für sonst wen, wichtiger wäre als Geld?‹ – Also! Verehrter Gorgias, du mußt nun antworten – nicht nur diesen dreien, sondern auch mir: was hältst denn du für das Wichtigste, für das höchste menschliche Gut –

womit, wie du sagst, deine Kunst es zu tun hat? Was ist es denn?

GORGIAS: Freiheit für sich selber und Macht über die anderen: das ist in Wahrheit das höchste Gut!

SOKRATES: Was meinst du damit? Ich möchte das, bitte, genau wissen.

GORGIAS: Ich meine, daß man sich darauf versteht, durch die Kunst der Rede die Leute dahin zu bringen, etwas Bestimmtes zu tun. »Die Leute« – das sind bei Gericht die Richter, im Rat die Ratsherren, in der Volksversammlung das Volk und so überall die Menschen, die etwas zu entscheiden haben. Wenn du diese Kunst beherrschest, dann hast du den Arzt in der Hand und auch den Gymnastiker. Und der Kaufmann wird seinen Reichtum nicht für sich selbst zusammengebracht haben, sondern für jemand anders, nämlich für dich – vorausgesetzt, daß du es verstehst, das Wort zu handhaben und die Menschen zu überreden.

SOKRATES: Jetzt, mein lieber Gorgias, hast du dich vollkommen klar ausgedrückt! Rhetorik also ist die Kunst der Überredung! Was nun allerdings diese Überredung eigentlich ist, worauf sie sich bezieht – darüber habe ich zwar meine Vermutungen; aber völlig klar ist es mir noch nicht. Also womit hat diese Überredung es zu tun? *Schweigen.*
Oder hältst du das für eine unberechtigte Frage?

GORGIAS: Nein, durchaus nicht. – Wie ich schon sagte, ich meine zum Beispiel die Überredung vor Gericht und vor anderen Gremien dieser Art. Und der Gegenstand womit sie es zu tun hat, *er zögert* das ist das, was recht ist, und das, was nicht recht ist.

SOKRATES: Etwas Ähnliches hatte ich schon vermutet. Aber... Wundere dich bitte nicht, wenn ich nun, obwohl ja die

Sache klar zu sein scheint, doch noch weiter frage. – Ob man etwas meint oder ob man etwas weiß – sind das, nach deiner Ansicht, zwei verschiedene Dinge? Oder sind sie dasselbe?

GORGIAS *etwas verwundert:* Nein! Für mich sind es zwei verschiedene Dinge.

SOKRATES: Dann dürfen wir vielleicht auch sagen: es gibt zwei verschiedene Arten von Überredung? Eine, die ein Meinen bewirkt; und eine andere, die Wissen erzeugt?

GORGIAS: Sicher!

SOKRATES: Mit was für einer Art von Überredung nun hat es die Rhetorik zu tun? Da steht also in einer Gerichtsverhandlung oder in einer großen Versammlung »recht« und »nicht recht« zur Diskussion. Zielt nun die Rhetorik darauf, daß die Leute etwas meinen sollen oder darauf, daß sie etwas wissen sollen?

GORGIAS *zögernd:* Ich denke, darauf, daß eine Meinung zustande kommt...

SOKRATES: Also: Rhetorik ist die Kunst zu überreden. Aber sie belehrt nicht wirklich, sondern sie macht glauben! Und zwar in bezug auf recht und unrecht! Wie sollte ein Redner auch imstande sein, über so wichtige Dinge eine große Menge von Menschen zu belehren!

GORGIAS: Unmöglich!

SOKRATES: Nun laß uns also noch einmal zusehen: Was eigentlich verstehen wir jetzt unter »Rhetorik«? Ich selber sehe nämlich noch immer nicht völlig klar, was wir damit meinen. Wenn, sagen wir, die Verwaltung eines Gemeinwesens zu entscheiden hat über die Wahl von Ärzten oder über die von Schiffsbauern, oder wenn es sich um den Bau von Mauern handelt oder um die Einrichtung von Häfen – dann werden dabei doch wohl die Sachverständigen mitwirken und nicht die, welche sich

auf die Rhetorik verstehen? Oder wie denkst du darüber?
Gorgias schweigt.
Stell dir vor, deine Schüler fragen dich: ›Welchen Gewinn werden wir von deiner Belehrung haben? Über was für Dinge werden wir mitreden können – allein über Recht und Unrecht? Oder auch über die Dinge, von denen eben Sokrates gesprochen hat?‹
Wenn du einmal versuchen würdest, hierauf zu antworten...?

GORGIAS: Alles faßt die Rhetorik in sich zusammen und macht es sich dienstbar! Wie oft habe ich zum Beispiel mit meinem Bruder oder mit anderen Ärzten einen Kranken besucht, der nicht dazu zu bringen war, eine bestimmte Arznei zu nehmen oder einen chirurgischen Eingriff geschehen zu lassen. Nun, was der Arzt nicht zustande brachte, das gelang mir: durch nichts anderes als durch die Kunst des Wortes! – Ich wage folgende Behauptung: Wenn einer, der sich auf die Heilkunst und ein anderer, der sich auf die Rhetorik versteht, in eine Stadt kommen und es geht darum, die Volksversammlung oder sonst eine große Zahl von Menschen durch Worte dahin zu bringen, sich für einen von beiden zu entscheiden, dann wird der Redekundige gewählt, sofern er will – während der Arzt völlig außer Betracht bleibt. Wer sich auf die Rhetorik versteht – ja, es gibt einfach nichts, überhaupt nichts, worüber er nicht überzeugender zu sprechen versteht als der jeweils Sachverständige, jedenfalls vor der Menge!
Aber natürlich, mit der Rhetorik ist es genauso wie mit anderen Fertigkeiten auch: Man darf mit ihr keinen Mißbrauch treiben!

SOKRATES *horcht bei dem zuletzt Gesagten auf:* Verträgt sich aber das, was du jetzt, ganz zuletzt, sagst – verträgt sich das mit dem, was du vorhin von der Rhetorik behauptet hast? *Kurze Pause. Dann, neu ansetzend:* Also, du sagst: Vor der Menge. Das heißt doch wohl so viel wie: vor den Unkundigen? Denn für die Wissenden wird der Rhetor doch kaum überzeugender sein als der Arzt?

GORGIAS: Das ist klar!

SOKRATES: Also: Wer sich auf den Gebrauch der Worte versteht, weiß sich glaubwürdiger zu machen als der Arzt. Das heißt aber doch: Vor Unkundigen ist der Unkundige glaubwürdiger als der Sachverständige. Das ist doch wohl das Resultat – oder?

GORGIAS: In diesem Falle – ja!

SOKRATES: Aber auch sonst! Die Dinge selbst und den Sachverhalt selbst braucht die Rhetorik offenbar nicht zu kennen. Man muß nur eine Technik der Überredung beherrschen, wodurch dann bei Laien der Anschein erweckt wird, der Redner sei sachverständiger als der Fachmann.

GORGIAS *eine beginnende Unsicherheit übertrumpfend:* Aber, ist das nicht ein großer Vorteil – wenn man nur diese eine Kunst zu beherrschen braucht, und dennoch steht man keinem Meister nach?

SOKRATES: Ob man den anderen Meistern nachsteht oder nicht, wenn man sich so, wie du da sagst, auf die Rhetorik versteht – das wollen wir zunächst einmal auf sich beruhen lassen. Aber hierüber wollen wir Klarheit schaffen: ob die Rhetorik es mit Recht und Unrecht, mit Schön und Schändlich, mit Gut und Böse nicht vielleicht genau ebenso hält wie mit der Gesundheit [zum Beispiel] – daß sie nämlich vom Sachverhalt selbst, also von dem, was wirklich gut ist und was böse, was schön, schändlich, recht und unrecht, gar nichts versteht, daß sie vielmehr in alledem wiederum bloß ein Verfahren der Überredung zu beherrschen braucht, wodurch bei Nicht-Sachverständigen der Eindruck hervorgerufen wird, als wisse ein gleichfalls Nicht-Sachverständiger besser Bescheid als der Sachverständige. Oder muß man hierüber vielleicht doch selber etwas wissen? Wenn einer bei dir die Rhetorik lernen will – muß er dann dies Wissen schon mitbringen? Beim Zeus, wie ist das, verehrter Gorgias?

GORGIAS: Nun, verehrter Sokrates, ich glaube, wenn einer nicht schon im Besitz dieses Wissens ist, dann wird er es gleichfalls von mir lernen...

Sokrates unterbricht ihn.

SOKRATES: Halt, das genügt! Jedenfalls: Wer von dir seine Ausbildung in der Rhetorik erfahren hat, der weiß, weil dies schlechthin dazugehört, was recht und was unrecht ist! Entweder er weiß es von früher her oder durch deine Belehrung?

GORGIAS *zögernd, verwundert:* Ja, allerdings!

SOKRATES: Nun aber hast du doch gesagt, man könne auch Mißbrauch treiben mit der Rhetorik. Darüber wundere ich mich. Und da, meine ich, stimmt etwas nicht – wenn doch zugleich, laut Definition, eine falsche Beurteilung von recht und unrecht unmöglich sein soll? Wie ist das, mein lieber Gorgias?

Der Schriftsteller klappt während der letzten Worte des Sokrates seinen Text ostentativ zu und legt ihn auf den Tisch zurück.

SCHRIFTSTELLER *ärgerlich die letzten Worte parodistisch wiederholend:* Ach ja, ›mein lieber Gorgias‹! Sollen wir überhaupt weiterlesen?

Es entsteht eine kurze Pause.

JOURNALIST: Aus? Jetzt wird es ja gerade spannend!

SCHRIFTSTELLER *zum Professor:* Nein, weißt du, ich bin enttäuscht! Von poésie pure, von »reiner« Literatur ist doch in alledem mit keiner Silbe die Rede! Dieser Gorgias vertritt ja eine – ja, wie soll ich sagen – eine ganz massive Zweckpublizistik!

PROFESSOR: Das tut er auch. Aber er tut es sehr wider Willen. Er wird dazu gezwungen. Durch Sokrates! Er wird gezwungen, die Katze aus dem Sack zu lassen. Dann allerdings zeigt sich, daß die angeblich »reine« Wortkunst vor allem ein Mittel zum Zweck ist, ein Machtmittel. Ich gebe zu, das wird erst völlig deutlich, wenn man den historischen Gorgias vor Augen hat; für den antiken Platonleser war er natürlich eine völlig bekannte Figur.

JUNGE FRAU: Also Gorgias ist keine erfundene Gestalt?

PROFESSOR *zu der jungen Frau gewendet:* Nein – Gorgias ist einer der berühmtesten Männer seiner Zeit gewesen. Seine Vortragsreisen durch die Städte Griechenlands müssen ein richtiger Triumphzug gewesen sein.

JOURNALIST: Und außerdem ein gewaltiger Fischzug!

PROFESSOR: Ja, das ist richtig. Sokrates spielt einmal darauf an, daß Gorgias ein Standbild – von sich selbst – aus purem Golde gestiftet habe, für den Tempel in Delphi.

ABGEORDNETER *schlägt auf den Tisch:* Donnerwetter! Das imponiert mir!

JOURNALIST: Daß er so etwas tat – oder daß er sich so etwas leisten konnte?

ABGEORDNETER: Beides!

JUNGE FRAU: Das glaube ich!

Aber sagen Sie, wovon handelten denn nun diese so phantastisch honorierten Vorträge?

PROFESSOR: Ja – vom Inhaltlichen ging jedenfalls die Faszination nicht aus!

ABGEORDNETER: Sondern?

JOURNALIST: Von der Inszenierung!

PROFESSOR: Ich würde sagen: von der Form, von der Wortmusik, vom Rhythmus! Diese Magie, diese beinah mehr musikalische als sprachliche Magie muß das Publikum geradezu verhext haben – übrigens, wohl zu bedenken, das anspruchsvollste Publikum der damaligen Welt.
SCHRIFTSTELLER: Eben darum kann es wohl auch nicht die reine Gaukelei gewesen sein. Den historischen Gorgias muß man sich schon als einen enormen Könner vorstellen.
PROFESSOR: Völlig richtig. Sogar an der Sprache läßt sich die Wirkung des Gorgias klar erkennen. Das attische Griechisch hat sich, durch ihn, einfach verändert; es ist geschmeidiger geworden, differenzierter...
SCHRIFTSTELLER *unterbricht:* Man soll das nur ja nicht unterschätzen!
PROFESSOR: Sicher nicht. Aber Differenziertheit hin, Wortmagie her: Wenn man bedenkt, wie Platon von Gorgias spricht, zum Beispiel im Symposion, wie bitter er sich über ihn lustig macht – dann wird einem doch etwas ganz anderes wichtig. Nämlich der eklatante Mangel an Substanz, bei aller formalen Könnerschaft. Dieser Mann ist radikaler Nihilist – und zwar so buchstäblich, wie man das gar nicht für möglich hält. Eine seiner Schriften beginnt mit dem Satz: »Es gibt überhaupt nichts« – es gibt, heißt das, nichts, um das es sich lohnt...
JUNGE FRAU: Sieh mal an! Das ist ja Jean-Paul Sartre!
PROFESSOR: Genau das ist er!
SCHRIFTSTELLER *mit der Hand auf den Text schlagend:* Aber von all dem ist doch hier gar nicht die Rede!
PROFESSOR: Zugegeben, zugegeben! Aber es bestimmt dennoch die Klangfarbe dessen, was tatsächlich und wortwörtlich da steht! Der Leser, mit dem Platon es zu tun hatte, der Zeitgenosse hat das zweifellos alles mitgehört. Für ihn muß es eine aufregende Sache gewesen sein, wie

dieser Gorgias, dieser »große Mann«, dieser Bestseller-Autor nun von Sokrates gestellt wird...

JOURNALIST *unterbricht:* Gestellt? Wieso?

PROFESSOR: Indem er auf die liebenswürdigste, unwiderstehlichste Weise von der Welt dazu genötigt wird, die Maske vom Gesicht zu nehmen und offen und vernehmlich zu deklarieren: die ganze Wortkunst, diese ganze anscheinend als Selbstzweck betriebene littérature pure ist in Wahrheit auf eine sehr drastische Weise Mittel zum Zweck – wobei sogar Recht und Unrecht im Grunde völlig gleichgültig sind. – Allerdings, Gorgias scheut sich, diese äußerste Konsequenz ausdrücklich einzugestehen. *Zum Schriftsteller gewendet, auf den Text hinzeigend:* Hast du übrigens bemerkt, daß du an genau der Stelle aufgehört hast, an der ohnehin dein Part, der Part des Gorgias, zu Ende ist?

SCHRIFTSTELLER: Nein, das habe ich nicht bemerkt. Die Diskussion war doch noch in vollem Gang!

Journalist schlägt seinen Text auf und sucht die Stelle.

PROFESSOR: Das war sie auch. Aber Gorgias verstummt. Er bleibt die Antwort schuldig. Er müßte nämlich jetzt entweder seine Ausgangsthese korrigieren oder sie logisch zu Ende denken. Aber er bringt weder das eine noch das andere fertig.

JUNGE FRAU: Einen Augenblick, bitte. Das habe ich nicht ganz begriffen. Was hätte Gorgias jetzt sagen »müssen«?

PROFESSOR: Seine Ausgangsthese lautet doch so: Rhetorik, der zur Kunst gesteigerte Umgang mit dem Wort also, zielt schlechthin auf Machtgewinn. *Zu der jungen Frau gewandt:* Auch das steht übrigens, ganz ähnlich formuliert, bei Sartre zu lesen! Sprache überhaupt soll gar nichts anderes sein als ein Machtmittel.

Daß es zur Natur menschlichen Sprechens gehört, es auch mit Dingen zu tun zu haben und mit Sachverhalten, das wird einfach unterschlagen. Das Einzige, wovon der Publizist allerdings etwas verstehen müsse, sagt Gorgias, sei: Recht und Unrecht. Wie denn aber – das ist jetzt Sokrates! – wie soll denn einer wissen, was recht und was unrecht ist, wenn ihn die Wahrheit der Dinge nicht interessiert!? Es ist doch sehr zu vermuten, daß ihm dann Recht und Unrecht genau ebenso gleichgültig sind!

JUNGE FRAU: Großartig! Und darauf bleibt Gorgias die Antwort schuldig. Das ist klar.

PROFESSOR: Er könnte sehr wohl antworten. Aber er riskiert es nicht – sympathischerweise, möchte ich sagen. Er könnte nämlich zugeben, daß dies Reden, das eigene Reden von Recht und Unrecht tatsächlich im Grunde nicht ernst gemeint sei...

JOURNALIST *unterbricht:* Wieso finden Sie es »sympathisch«, daß Gorgias den Mut nicht aufbringt zu dieser Antwort? Schließlich ist sie das einzig Konsequente, das er hätte überhaupt sagen können! Denkschwäche scheint mir nichts sonderlich Rühmenswertes zu sein.

PROFESSOR: Tja... eine Schwäche würde auch ich es nennen. Aber, ich kann mir nicht helfen, ich finde sie nicht unsympathisch; ich würde sagen, es ist eine glückliche Inkonsequenz. Wenn die Konsequenz »Zynismus« heißt, dann ist es vielleicht nicht so übel, ein bißchen zu zögern, konsequent zu sein.

JUNGE FRAU: Sie sagten, Gorgias hätte zweierlei tun können: entweder seine These radikal und konsequent zu Ende denken – und das hat er also nicht vermocht oder nicht gewollt. Und die zweite Möglichkeit? Was hätte er noch tun können oder tun sollen?

PROFESSOR: Seine These ganz einfach korrigieren! Zugeben,

daß Sprache noch etwas anderes ist als ein Machtmittel! Daß Reden nicht notwendig »Überredung« sein muß!

JUNGE FRAU: Und das bringt er erst recht nicht fertig. Ja, das ist mir jetzt klar.

PROFESSOR: Hier hört Gorgias eben plötzlich auf. Er ist nicht zu Ende – aber er verstummt. Und nun springt Polos in die Bresche. *Zum Journalisten gewendet:* Die nächste Generation ist konsequenter; die traditionellen Hemmungen haben keine Bedeutung mehr. *Er nimmt den Text wieder zur Hand, blättert ein wenig hin und her.* Polos geht sofort ziemlich aggressiv gegen Sokrates ins Zeug: das sei keine Manier, es sei unfair, den Gesprächspartner in dieser Weise zu einer persönlichen Stellungnahme zu pressen. Worauf Sokrates seinerseits ironisch den Eingeschüchterten spielt: dazu seien ja die jungen Leute da, daß sie die Alten auf ihre Fehler aufmerksam machen. Er, Sokrates, sei also bereit, sich korrigieren zu lassen – allerdings unter einer Bedingung: daß nämlich Polos sich zum wirklichen Gespräch bequeme und keine langen Reden halte.

Der Journalist übernimmt hier, zur Erheiterung aller, sehr abrupt den Part des Polos und beginnt sogleich mit ziemlich scharfem Ton.

POLOS: Was? Es soll mir nicht freistehen, so viel zu reden, wie ich will?

SOKRATES: Das wäre allerdings sehr hart, mein Bester, wenn du nach Athen gekommen wärest, in die Stadt der vollkommenen Redefreiheit – und ausgerechnet dir sollte sie geschmälert werden! Aber bedenke auch die Kehrseite: Wenn du weitläufig werden willst und keine Lust hast, auf Fragen zu antworten – wäre dann nicht auch ich schlimm daran, wenn ich nicht die Freiheit haben sollte, einfach wegzugehen? – Also mach es so wie ich und Gorgias: widerlege mich und laß dich widerlegen. Du hast die Wahl: Willst du fragen oder willst du antworten?

POLOS: Also gut, Sokrates, dann werde ich fragen, und du antworte mir. – Wenn Gorgias, wie du sagst, keine klare Meinung vom Wesen der Rhetorik hat – wofür hältst du sie denn?

SOKRATES: Du meinst, für was für eine Kunst ich sie halte?

POLOS: Ja.

SOKRATES: Um die Wahrheit zu sagen: ich halte sie überhaupt nicht für eine Kunst!

POLOS: Sondern?

SOKRATES: Sondern für etwas, das man durch bloßes Ausprobieren herausgefunden hat.

POLOS: Durch Ausprobieren? Was soll da ausprobiert worden sein?

SOKRATES: Wie man ein bestimmtes Wohlbehagen erzeugt, ein bestimmtes Vergnügen.

POLOS: Dann hältst du also jedenfalls die Rhetorik für eine schöne und gute Sache – da du doch vom Vergnügen sprichst? Offenbar gefällt sie den Menschen?

SOKRATES: Oh! Ob ich sie für etwas Gutes halte – das kommt später an die Reihe! Da du aber offenbar auf das Gefällige so viel Wert legst: würdest du mir wohl auch einen Gefallen tun?

POLOS: Was für einen?

SOKRATES: Frag mich doch mal, für welche Art von Kunst ich die Kochkunst halte, die Zubereitung von Leckereien!

POLOS *widerwillig:* Also gut – was für eine Kunst ist die Kochkunst?

SOKRATES: Überhaupt keine Kunst!

POLOS: Sondern? Nun sag es schon!

SOKRATES: Etwas, das man durch bloßes Ausprobieren herausgefunden hat.
POLOS *ungeduldig:* Und was hat man ausprobiert?
SOKRATES: Aber, Polos, das ist doch klar: wie man ein bestimmtes Wohlbehagen erzeugt, ein bestimmtes Vergnügen!
POLOS: Aber Kochkunst und Rhetorik sind doch nicht dasselbe!
SOKRATES: Natürlich nicht! Aber sie sind beide ein Stück von dem gleichen Ganzen!
POLOS *ärgerlich:* Von was für einem Ganzen denn?
SOKRATES: Ja, wenn es jetzt nur nicht unfair ist, die Wahrheit zu sagen! Ich habe einige Bedenken, geradeheraus zu reden. Gorgias könnte vielleicht meinen, ich wollte seine Kunst ins Lächerliche ziehen – obwohl ich ja noch immer nicht weiß, wofür er selbst sie eigentlich hält. – Was ich jedenfalls unter Rhetorik verstehe, das gehört zu etwas, das ganz und gar nichts Schönes ist! Eine gewisse Frechheit braucht man allerdings dazu und man muß sich darauf verstehen, mit Menschen umzugehen und jeweils den richtigen Punkt genau zu treffen.
Aber rundheraus gesagt, ich nenne so etwas Schmeichelei. – Und die gibt es in vielerlei Gestalt. Eine davon ist die Rhetorik. Wenn du nun also wissen willst, welche besondere Gestalt ich meine – ja, dann mußt du mich fragen!
POLOS *patzig:* Schön, ich frage: welche besondere Gestalt der »Schmeichelei« soll denn die Rhetorik sein?
SOKRATES: Paß gut auf. Ich halte die Rhetorik für *jetzt im Tonfall einer Quizfrage* eine lügnerische Imitation von einem Teil der Kunst der Politik.
POLOS *ärgerlich sogleich losplatzend:* Also, jetzt verstehe ich kein Wort mehr!
SOKRATES *herausfordernd ruhig:* Sehr begreiflich! Denn ich bin ja noch gar nicht dazugekommen, mich zu erklären.

Es gibt doch Leute, die sich körperlich wohl zu befinden scheinen, während sie in Wirklichkeit krank sind; niemand merkt es ihnen an, es sei denn ein Arzt oder ein Gymnastiker?

POLOS: Ja, natürlich, das gibt es.

SOKRATES: Gibt es denn nicht auch etwas, das in der Seele ein bloß scheinbares Wohlbefinden hervorbringt – während es in Wirklichkeit ganz anders steht?

POLOS: Richtig, das gibt es.

SOKRATES: Weiter. Es gibt doch Künste, die sich um das wahre Wohlbefinden, von Leib und Seele, bemühen – Heilkunst und Gymnastik zum Beispiel, und im politischen Bereich die Gesetzgebung oder auch die Rechtspflege. In diese wahren Künste nun, in jede von ihnen, schleicht sich die Schmeichelei ein und setzt sich lügnerisch an ihre Stelle. Was wirklich gut tut – das kümmert sie nicht im mindesten. Sie macht sich den Unverstand der Leute dienstbar, indem sie ihn verführt durch das, was ihm gerade am besten schmeckt. In die Heilkunst zum Beispiel schleicht sich die Kochkunst ein oder vielmehr die Pseudokunst, bloße Schleckereien zu bereiten. Und wenn ein Arzt und so ein »Leckermacher« vor Kindern oder auch vor Männern, die so unverständig wären wie Kinder, einen Wettstreit auszutragen hätten, wer von ihnen beiden am meisten verstünde von Nutzen oder Schädlichkeit der Speisen – dann müßte der Arzt bestimmt verhungern.

Das also verstehe ich unter Schmeichelei! Und ich behaupte: sie ist etwas Schlechtes, weil sie auf das bloß Angenehme aus ist, aber nicht auf das, was wirklich gut tut!

POLOS: Deine Meinung ist also: die Rhetorik ist Schmeichelei...

SOKRATES *unterbricht ihn mit gutartig-ironischem Tonfall:* Ein Teil davon, sagte ich! So jung noch, Polos, und schon ein so schlechtes Gedächtnis! Wie soll das später erst werden!

POLOS *der sich nicht unterbrechen lassen will, jetzt in Lautstärke und Tonart einer demagogischen Rede:* Du sagst also: Unsere hervorragenden Rhetoren sind Schmeichler und ihre Bedeutung für den Staat ist gleich Null?

SOKRATES: Soll das eine Frage an mich sein? Oder ist das der Anfang einer Rede?

POLOS: Es ist eine Frage!

SOKRATES: Gut. Ich meine also: sie bedeuten nichts.

POLOS: Sie bedeuten nichts! Und doch haben sie die größte Macht im Staate – oder etwa nicht?!

SOKRATES: Nein! Falls du unter Macht etwas verstehst, das für den Machthaber gut ist!

POLOS: Allerdings tue ich das.

SOKRATES: Nun, dann meine ich tatsächlich: Die Rhetoren haben am allerwenigsten »Macht« im Staate.

POLOS: Ach! Und dabei lassen sie umbringen, wen sie wollen – wie die Tyrannen. Und nehmen sie nicht den Leuten das Vermögen weg und jagen sie aus der Stadt – wann und wie es ihnen beliebt?

SOKRATES: Beim Hunde: Ja! – Aber ich weiß nie genau, ob du da etwas behauptest – oder ob du mich etwas fragst.

POLOS: Du hörst es doch: ich frage dich.

SOKRATES: Gut, mein Freund, dann fragst du aber zwei Dinge auf einmal!

POLOS: Wieso zwei?

SOKRATES: Du hast doch gefragt: tun die Rhetoren nicht, was sie wollen? Und du hast gefragt: tun sie nicht, was ihnen beliebt? Ich bin der Meinung, dies sind zwei Fragen. Und ich behaupte: sie haben so gut wie keine Macht im Staate

– weil sie zwar tun, was ihnen beliebt, aber nicht, was sie wirklich wollen!

POLOS: Da soll man nicht die Geduld verlieren!

SOKRATES *beharrend:* Meine These lautet: Sie tun nicht, was sie wirklich wollen. Bitte, beweise mir das Gegenteil!

POLOS: Hast du nicht eben zugegeben, daß sie tun, was ihnen beliebt?

SOKRATES: Ja. Das gebe ich auch jetzt noch zu.

POLOS: Dann tun sie also doch, was sie wollen!

SOKRATES: Nein, sage ich!

POLOS: Obwohl sie tun, was ihnen beliebt?

SOKRATES: Ja!

POLOS: Aber Sokrates, das sind ja völlig unsinnige, absurde Ansichten!

SOKRATES: Beschimpfe mich nicht, Polos. Wenn du es nicht fertigbringst, mir durch Fragen zu zeigen, daß ich unrecht habe, dann versuche es vielleicht, indem du mir antwortest.

POLOS: Schön, dann werde ich dir antworten! Ich muß doch herausfinden, was du eigentlich meinst!

SOKRATES: Wenn man etwas wegen etwas anderem tut, dann will man doch, genaugenommen, nicht das, was man gerade tut, sondern man will das Andere, um dessentwillen man es tut? Stimmt das nicht, ganz allgemein?

POLOS: Ja!

SOKRATES: Wenn wir also jemanden töten oder verjagen und ihm seinen Besitz wegnehmen – tun wir es dann nicht, weil wir glauben, es sei für uns besser, es zu tun als es nicht zu tun?

POLOS: Allerdings.

SOKRATES: Also, um des Guten willen tut man alles das, wenn man es tut?

POLOS: Ja.

SOKRATES: Wir wollen also gar nicht einfachhin töten, aus der Stadt jagen, Vermögen wegnehmen; sondern wir wollen es nur, sofern es für uns gut ist. Wenn es nicht gut wäre, dann nicht. Denn wir wollen – du selber sagst das! – wir wollen das Gute. Wohingegen wir das Schlechte nicht wollen. Nicht wahr?
Schweigen.
Polos, habe ich recht oder unrecht?
Schweigen.
Warum antwortest du nicht?
POLOS *bockig:* Du hast recht.
SOKRATES: Dann sind wir uns ja einig! Wenn nun einer, ob Tyrann oder Rhetor, Leute tötet oder verbannt oder ihrer Habe beraubt, in der Meinung, das sei gut für ihn, obwohl es in Wirklichkeit das Gegenteil ist – dann tut dieser Mann zwar, was ihm beliebt – oder nicht?
POLOS: Ja.
SOKRATES: Tut er aber auch, was er will? Wenn es doch tatsächlich schlecht für ihn ist?
Schweigen.
Warum sagst du nichts?
POLOS: Also meinetwegen, es sieht so aus, daß er nicht tut, was er will.
SOKRATES: Wenn aber nun – wie du selbst es behauptest –, wenn Macht etwas Gutes ist: hat dann so einer wirklich große Macht im Staate?
POLOS: Nein!
SOKRATES: Dann habe ich also recht: ein Mann, der in einem Staate tut, was ihm beliebt, hat vielleicht dennoch keine große Macht – weil er nicht tut, was er in Wahrheit will!
POLOS *aus der sachlichen Erörterung ausbrechend:* Als ob du, Sokrates, nicht selbst die Freiheit, in einem Staate tun zu können, was dir gefällt, lieber hättest als das Gegen-

teil! Und als ob du nicht den beneiden würdest, der die Macht hat, nach seinem Belieben zu töten, Vermögen zu beschlagnahmen, ins Gefängnis zu sperren...

SOKRATES: Meinst du: zu Recht oder zu Unrecht?

POLOS: Das ist doch völlig egal!! Ist er nicht in jedem Fall zu beneiden?

SOKRATES *sehr ernst:* Polos, sag nicht so freventliche Dinge!

POLOS: Wieso?

SOKRATES: Man soll nicht die beneiden, die nicht zu beneiden sind! Man soll sie bemitleiden; denn sie sind unglücklich.

POLOS: Unglücklich und bemitleidenswert ist doch wohl eher, wer zu Unrecht den Tod erleidet.

SOKRATES: Nein, Polos, nicht so sehr, wie der, welcher diesen Tod verfügt! Und weniger als einer, der zu Recht den Tod erleidet!

POLOS: Wieso?

SOKRATES: Weil es etwas Schlimmeres als Unrechttun nicht gibt!

POLOS: Ist es aber nicht noch schlimmer, Unrecht zu erleiden?

SOKRATES: Nein! Ganz sicher nicht!

POLOS: Und du selber – du würdest wirklich lieber Unrecht leiden wollen als Unrecht tun?

SOKRATES: Wollen würde ich keines von beiden. Müßte ich aber wählen, dann würde ich lieber Unrecht leiden als Unrecht tun!

POLOS: Jedes Kind kann dir beweisen, daß du auf dem Holzweg bist!

SOKRATES: Dann werde ich mich bei diesem Kinde aufrichtig bedanken! Aber auch dir werde ich danken, wenn du mich von Torheiten befreist. Also laß es dich etwas kosten, einem Freund zu helfen – indem du ihn widerlegst!

Polos: Schön, Sokrates, ich brauche gar nicht von entlegenen Dingen zu sprechen. Es gibt ja in der jüngsten Zeit Geschehnisse, die jedermann kennt und die ein Beweis dafür sind, daß es Menschen gibt, die Verbrechen begehen und dennoch glücklich sind.
Sokrates: Und was für Menschen sollen das sein?
Polos: Du siehst doch zum Beispiel den Archélaos über Makedonien herrschen?
Sokrates: Ich sehe es zwar nicht, aber ich weiß es vom Hörensagen.
Polos: Meinst du nun, er sei glücklich oder unglücklich?
Sokrates: Das weiß ich nicht, Polos! Ich habe ja keinen Umgang mit dem Mann.
Polos: Dann wirst du wohl auch sagen, du weißt nicht, ob der Großkönig glücklich ist?
Sokrates: Natürlich werde ich das sagen! Mit vollem Recht! Denn ich weiß ja nicht, wie es mit seiner Gerechtigkeit bestellt ist!
Polos: Das also ist für dich das Kriterium des Glücks?
Sokrates: Ja, mein Lieber. Den Guten nenne ich glücklich. Wer aber Unrecht tut – den nenne ich unglücklich.
Polos: Dann ist also auch Archélaos nach deiner Meinung unglücklich?
Sokrates: Wenn er Unrecht tut – ja!
Polos *sich in überlegener Ironie versuchend:* Nun, daß er »Unrecht tut« – das kann man wohl sagen! Er hatte ja doch nicht den mindesten Anspruch auf den Thron. Wenn es mit rechten Dingen zuginge, dann wäre Archélaos heute der Sklave des Alketas – und dann wäre er, wie du behauptest, glücklich. Aber nun hat er bekanntlich die größten Verbrechen begangen – ohne zu merken, daß er dadurch tief unglücklich wurde. Zuerst hat er seinen Onkel, eben den Alketas, umbringen lassen und dazu

gleich auch seinen Vetter. Und dann, kurze Zeit darauf, hat er noch einmal die Chance verpaßt, glücklich zu werden: er warf nämlich den rechtmäßigen Thronerben in einen Brunnen, seinen eigenen Bruder, einen siebenjährigen Jungen. Tja – und nun ist er eben der unglücklichste von allen Makedoniern geworden! Es soll sogar in Athen Leute geben, die nicht mit Archélaos tauschen möchten, zum Beispiel einen gewissen Sokrates!

SOKRATES *nach kurzem Schweigen:* Das also soll der versprochene Beweis sein? – Davon akzeptiere ich kein Wort!
Die junge Frau hat schon seit einiger Zeit Anstalten gemacht, etwas zu sagen.

PROFESSOR *legt den Text beiseite und wendet sich der jungen Frau zu:* Fräulein Doktor, Sie haben einen Einwand, sehe ich. Nicht einverstanden?

JUNGE FRAU: Nein, keinen Einwand! Im Gegenteil! Ich bin völlig einverstanden. Aber eine »dumme Frage«: wer ist Archélaos? Was hat es auf sich mit seinen Verbrechen? Ist das alles historisch? Ist er ein Zeitgenosse Platons?

PROFESSOR: Nicht Platons. Aber ein Zeitgenosse des Sokrates. Beide, Archélaos und Sokrates sterben im gleichen Jahr: 399.
Archélaos hat die makedonische Militärmacht begründet. Und die wird bekanntlich zwei Menschenalter später ein Weltreich aufrichten: das Alexanderreich. Der Hof des Archélaos muß damals einen unglaublichen Glanz gehabt haben. Es wirkte da zum Beispiel der größte griechische Maler der Zeit: Zeuxis; und Euripides, der Tragödiendichter – beide von weit her berufen und eingeladen: durch niemand anders als Archélaos!

JUNGE FRAU: Aber das ist doch alles in schönster Ordnung! Das ist doch großartig!

PROFESSOR: Dennoch ist es wahr: dieser gleiche Mann ist ein gemeiner Verbrecher! Auf den Thron gekommen durch vielfachen Mord, und zwar durch Meuchelmord von der übelsten, niedrigsten Sorte...

SCHRIFTSTELLER *ist zwischendurch suchend an die Bücherregale getreten und hat einen Lexikonband hervorgezogen, den er aufgeschlagen in der Hand hält:* So etwas vergißt sich aber offenbar – im Lauf der Geschichte. Hier jedenfalls steht nur folgendes *liest vor:* »Archélaos, makedonischer König« und so weiter, und so weiter, jetzt: »Verdient durch Pflege griechischer Kultur, Städte- und Straßenbau«. Schluß!

JOURNALIST: Straßenbau. Autobahnen. Das klassische Alibi für Diktatoren.

PROFESSOR: Dieses Alibi gilt aber offenbar nicht vor jeder Instanz. Bei Platon zum Beispiel steht kein Wort von den »kulturellen Leistungen« des Archélaos! *Zu der jungen Frau gewendet:* Das wär's also! Zufrieden?

JUNGE FRAU: Ja. Ich bitte sehr um Entschuldigung!

PROFESSOR: Aber Sie spielen Ihre Rolle ja ausgezeichnet!
Er nimmt wieder den Text zur Hand. Also, Sokrates sagt, er sei erstaunt, daß dies Archélaos-Argument irgend etwas beweisen solle: »Ich akzeptiere davon kein Wort«!

SOKRATES: Du hältst es also für möglich, daß einer Unrecht tut und zugleich glücklich ist?

POLOS: Allerdings!

SOKRATES: Und ich sage dir: das ist unmöglich! Das ist der eine Punkt, worin wir verschiedener Meinung sind. Weiter! Soll der Verbrecher auch noch glücklich sein, wenn er die gebührende Strafe empfängt?

POLOS: Nein! Natürlich nicht! Dann würde er ja gerade unglücklich!

SOKRATES: Wenn also ein Verbrecher straflos bleibt, dann ist er nach deiner Meinung glücklich?
POLOS: Ja.
SOKRATES: Ich dagegen, mein lieber Polos, sage: wer Unrecht tut, der ist in jedem Fall unglücklich. Er ist aber unglücklicher, wenn er sein Verbrechen nicht sühnt! Und er ist weniger unglücklich, wenn er von den Göttern und Menschen zur Rechenschaft gezogen wird und seine Strafe bekommt.
POLOS: Lieber Sokrates! Bist du denn nicht schon dadurch widerlegt, daß du Dinge behauptest, auf die kein Mensch sonst je verfallen wird? Frag doch irgend jemanden von den hier Anwesenden!
SOKRATES: Ach, Polos, laß mich lieber keine Abstimmung veranstalten! Ich jedenfalls bin fest davon überzeugt, daß alle Menschen, nicht nur ich selbst, sondern auch du und jedermann sonst, Unrechttun für schlimmer halten als Unrechtleiden und Straflosigkeit für schlimmer als Strafe.

ABGEORDNETER *der schon seit einiger Zeit ungeduldig geworden ist:* Nun wird es aber doch völlig irreal! Entschuldige, daß ich dich unterbreche. Aber du scheinst – Pardon, Sokrates scheint mir jetzt doch einfach den Boden unter den Füßen zu verlieren! Verehrtes Fräulein Doktor, wollen Sie nicht auch protestieren? Das ist doch Ihr Ressort! Finden Sie nicht, daß die Realität inzwischen einfach verdunstet ist?
JUNGE FRAU *zuerst zögernd, aber dann mit Entschiedenheit:* Nein, das kann ich eigentlich nicht finden! Natürlich, der letzte Satz des Sokrates ist eine Herausforderung; er ist sehr extrem formuliert. Aber – unrealistisch, verstiegen oder auch nur eine Übertreibung? Das kann man doch wohl nicht sagen, scheint mir. Sokrates hat einfach

recht. – Allerdings, zu fragen hätte ich auch noch etwas: Wo ist eigentlich die »Rhetorik« geblieben? Davon ist doch schon lange nicht mehr die Rede! Macht – Recht – Glücklichsein: das sind doch ganz neue Themen!

PROFESSOR: Ausgezeichnet! Diese Frage trifft ins Schwarze! Ist aber nicht leicht zu beantworten. Und auch nicht mit ein paar Sätzen. Genaugenommen ist der ganze Dialog »Gorgias« die Antwort. – Sie sagen: »ganz neue Themen«. Das ist richtig. Aber die Beziehung der neuen Themen zu dem alten Thema »Rhetorik« ist doch sehr eng. Die eine Seite der Münze sind: Glück, Gerechtigkeit, Wahrheit – drei zusammengehörige Dinge. Aber die andere Seite, die Kehrseite der gleichen Münze zeigt gleichfalls drei zusammengehörige Dinge: das eine ist die Rhetorik, das heißt, der von der Sachwahrheit abgetrennte Wortgebrauch; das zweite ist die hemmungslose Machtpraxis; das dritte ist: die Verzweiflung.

JUNGE FRAU: Weiß der Himmel – das ist ein verschlüsselter Zusammenhang! Der Durchschnittsleser kann das ja im platonischen Text unmöglich entziffern!

PROFESSOR: Und doch ist es völlig plausibel! – Das Verfahren des Dialogs ist das Weiterschreiten vom Symptom der Krankheit zu ihrem Herd. Vom Symptom ist dann später nicht mehr die Rede.

JOURNALIST: Und was ist das Symptom?

PROFESSOR: Das Symptom ist die Rhetorik!

JOURNALIST: Also die Publizistik! Schönen Dank!

PROFESSOR: Oh, Pardon! Nein. Das Symptom ist die sophistische Rhetorik, die entartete Publizistik, natürlich! Der verantwortungslose Wortgebrauch!

Die platonische These könnte man so formulieren: Wenn im öffentlichen Leben eines Staates eine Rhetorik den Ton angibt, für die der wahre Sachverhalt gleichgültig ist, dann ist dieser Staat korrupt. Wie aktuell diese Dinge sind, wird klar, sobald ich, statt von der »Rhetorik«, etwa von einer »Publizistik« spreche, die primär nicht etwas besagt, sondern etwas bezweckt – was sowohl für die politische Propaganda zutrifft wie auch für die Werbetexte der Wirtschaftsreklame. Ich könnte statt »Rhetorik« auch »Unterhaltung« sagen, womit die ganze substanzlose Reizkost gemeint wäre, von welcher heutigentags der Mensch pausenlos berieselt wird. Übrigens ist hier der altmodische Begriff »Schmeichelei« genau erfüllt: man redet den Leuten nach dem Munde, damit sie etwas Bestimmtes tun – zum Beispiel kaufen und zahlen.

Also das ist Platons Meinung: Wenn solche Dinge den Vordergrund und die Außenansicht des Gemeinlebens bestimmen, dann sind die Eingeweide des Sozialkörpers krank, dann herrscht – hinter den Kulissen – bereits der nackte Kampf um die Macht.

JUNGE FRAU: Aber das ist Ihre Interpretation – oder? Ausdrücklich steht nichts davon da? Von Rhetorik wird doch nicht mehr gesprochen!

PROFESSOR: Doch! Einmal spricht Sokrates – wir können das natürlich nicht alles lesen – Sokrates spricht auch, im Disput mit Polos, noch einmal ausdrücklich von Rhetorik, allerdings von einer sehr besonderen, von einer lautlosen, nach innen gewendeten Rhetorik. Was soll eigentlich – so etwa sagt Sokrates – was soll diese Selbstrechtfertigung um jeden Preis, diese Geschicklichkeit des Sichherausredens, dieser Wortaufwand zur Vermeidung von Strafe, dies absolute Erfolgreich-sein-Wollen – wozu soll das alles gut sein: wenn uns doch die Strafe vom Unrecht befreit! Zu brauchen wäre die Rhetorik vielleicht gerade für das Gegenteil, für die Selbstanklage.

ABGEORDNETER *ungeduldig werdend:* Ich wiederhole: Jetzt wird die Sache irreal!
PROFESSOR: Ja, das ist natürlich schon »an der Grenze«. Fragt sich allerdings: an der Grenze von was? Ich würde sagen: an der Grenze zwischen dem durchschnittlichen und dem heroischen Leben.
Sie sagen: Es wird irreal! Etwas ähnliches sagt auch Kallikles, hier in unserem Dialog; damit beginnt seine Rolle. *Er schlägt die Stelle im Text auf.* Er sagt allerdings nicht »irreal«; er sagt: »ein Scherz«.
ABGEORDNETER: Damit hat er auch recht. Lassen Sie sehen. *Der Professor reicht ihm den Text und zeigt ihm die Stelle.*
ABGEORDNETER: Ja! Das ist ganz meine Meinung!
Er liest einen Augenblick mehr für sich; dann übernimmt er, Schritt für Schritt, die Rolle des Kallikles, mit dem er sich zunehmend identifiziert.

KALLIKLES: Sage mir, Sokrates, wie sollen wir das verstehen: ist das dein Ernst, oder machst du einen Scherz? Wenn du es ernst meinst, und wenn das stimmte, was du da sagst – dann würde ja dies menschliche Leben völlig auf den Kopf gestellt. Denn was wir tatsächlich tun, ist doch genau das Gegenteil von dem, was wir tun sollten – wenn es nach dir ginge!
SOKRATES: Nicht nach mir, Kallikles, es ist die Philosophie, die so verwunderliche Dinge sagt! Die Philosophie also mußt du widerlegen! Du mußt jetzt etwas beweisen. Du mußt beweisen, daß Unrechttun und Straflosbleiben nicht das schlimmste von allen Übeln ist, das einem Menschen widerfahren kann. Wenn du das allerdings nicht beweisen kannst, dann – beim Hunde, dem Gott der Ägypter –, ja dann, verehrter Kallikles, stimmt Kallikles nicht mit dir überein, und sein Leben lang bleibt er mit

dir im Streit. Ich freilich, mein Bester, fände es viel leichter zu ertragen, wenn die Mehrzahl der Menschen mit mir uneins wäre, wie wenn ich selber, ganz für mich allein, nicht zu mir selber stimmte; wie wenn ich im Zwiespalt wäre mit mir selbst.

KALLIKLES: Du sprichst wie ein Volksredner. Übrigens treibst du ein hinterlistiges Spiel mit einem Trick. Du vertauschest zwei Dinge und bringst sie durcheinander! Das eine ist das, was von Natur gilt; das andere ist das, was recht oder unrecht sein soll auf Grund der von Menschen ausgedachten Gesetze. Nach der Natur ist es schändlicher und schlechter, Unrecht zu leiden als Unrecht zu tun; nach der Menschensatzung ist es – angeblich – umgekehrt. Wer aber wirklich ein Mann ist, der duldet es nicht, daß ihm Unrecht geschieht! Das ist eher etwas für den Sklaven, der ohnehin besser tot wäre als lebendig, weil er weder sich selbst noch einen anderen, den er liebt, vor Beschimpfung und Mißhandlung schützen kann. Aber gerade die Schwächlinge und der große Haufe sind es ja wohl, die sich die Satzungen und Gesetze ausdenken. Und so heißt es dann, es sei »unrecht«, andere zu benachteiligen. Die Natur selber beweist doch das Gegenteil, daß es nämlich gerecht ist, wenn der Bessere gegen den Schlechteren im Vorteil ist und der Tüchtigere gegen den Untüchtigen. Nach welchem Recht sonst wäre wohl Xerxes gegen Griechenland zu Felde gezogen? Das entspricht der Natur und auch, beim Zeus, dem Gesetz, nämlich dem der Natur – nicht freilich dem Gesetz, das wir selbst uns ausgedacht haben. Dies selbstgemachte Gesetz bringt uns dazu, daß wir die Besten, die Stärksten von Jugend auf bändigen und zähmen, wie die Löwen, und ihnen ständig einreden, alles müsse »gleich« verteilt sein: eben das sei »gut« und »gerecht«. – Kommt aber einmal der richtige Mann, strotzend von naturhafter Kraft – dann schüttelt er das alles ab und macht sich los, zertritt all unsere Paragraphen, all diese Gaukeleien und Sprüche und den ganzen Wust unnatürlicher Satzungen. Vom Sklaven steigt er dann auf zum Herrn – über uns alle! Da kommt es dann sonnenklar an den Tag, was das heißt: Recht der Natur! – So steht die Sache! Das wirst auch du einsehen, wenn du dich nur endlich entschließen könntest, von der Philosophie zu lassen und dich ernsthafteren Dingen zuzuwenden! – Ich gebe durchaus zu: wenn man sich mit ihr befaßt in jungen Jahren und mit Maß, dann hat die Philosophie schon ihren Reiz. Aber wer nicht zur rechten Zeit von ihr loskommt, dem wird sie zum Verhängnis, weil ihm dann natürlich alles fremd und unbekannt bleibt, was ein Mann, der im Gemeinwesen etwas bedeuten will, kennen muß. Wenn ich einen zu Jahren gekommenen Mann sehe, der sich noch immer mit Philosophie abgibt – ja, so ein Mann, lieber Sokrates, verdient Prügel: das ist meine Meinung. – Soll denn das »Weisheit« sein, daß einer sich selber nicht zu helfen weiß? Geradeheraus gesagt: so einem Mann kann man ja straflos ins Gesicht schlagen!

SOKRATES *lächelnd, nach einer kleinen Pause sehr ruhig beginnend:* Du hast völlig recht. Es gibt keine wichtigere Frage als die, wie ein rechter Mann beschaffen sein soll und was er tun muß und wie lange, in alten und in jungen Jahren! Und das darfst du mir glauben: Wenn ich mit meinem Leben, so wie ich es führe, nicht auf dem rechten Wege bin, dann nicht mit Absicht, sondern aus Unwissenheit. Fahre also nur ja fort, mich zu warnen und zurechtzuweisen! Zunächst aber: wie war noch deine Meinung über das, was »von Natur« recht ist? Sagtest du nicht, es sei recht, daß der Stärkere sich die Habe des Schwächeren nimmt und daß der Bessere über die Schlechteren herrscht und daß der Tüchtigere im Vorteil ist gegen den weniger Tüchtigen?

KALLIKLES: Ja, das habe ich gesagt und dabei bleibe ich.

SOKRATES: Aber du bist doch nicht der Meinung, zwei seien »besser« als einer? Oder deine Sklaven seien »besser« als du, weil sie stärker sind als du? Meinst du mit den »Besseren« und den »Stärkeren« vielleicht die Intelligenteren?

KALLIKLES: Ja! So meine ich es. Und das ist das Naturgesetz: Der Bessere und Intelligentere muß herrschen über die Untüchtigen.

SOKRATES: Aber nun sage mir noch: Worin muß einer denn stärker sein und besser Bescheid wissen, um rechtmäßigerweise mehr zu bekommen als die anderen?

KALLIKLES: Ich meine diejenigen, die von Politik etwas verstehen und die darin tüchtig sind. Sie sind mit Recht im Vorteil vor den anderen; sie, die Herrschenden, vor denen, die beherrscht werden.

SOKRATES: Und ... müssen sie auch über sich selbst herrschen – oder nur über andere?

KALLIKLES: Über sich selber herrschen? Was meinst du damit?

SOKRATES: Oh, gar nichts Ungewöhnliches, sondern was man gemeinhin darunter versteht, daß nämlich der Mensch sich selbst in Zucht nimmt und sich selbst in der Gewalt hat – indem er »herrscht« über seine Launen und über sein Begehren.

KALLIKLES: Du bist wirklich einfältig! Meinst du diese Schwachköpfe, die »Maß halten«?

SOKRATES: Natürlich, die meine ich! Da ist doch gar nichts mißzuverstehen!

KALLIKLES: Wer beherrscht wird, ganz gleich von wem, der kann nicht glücklich sein. – Und jetzt will ich dir klipp und klar sagen, was von Natur das Schöne und das Rechte ist: Wer wahrhaft leben will, der muß seine Wünsche und Begierden so groß und stark werden lassen, wie nur möglich. Und dann muß er imstande sein, sie zu befriedigen mit all der Kraft und Intelligenz, die er besitzt. Aber das bringen eben die meisten nicht zuwege! Sokrates, du behauptest immer, die Wahrheit zu suchen. Die Wahrheit aber sieht doch so aus: Ungehindert genießen können und dabei über sämtliche Mittel und Hilfsquellen verfügen – das heißt »gut« und glücklich sein! Eure schönen Sprüche und die unnatürlichen menschlichen Normen und Regeln – all das ist ja nur Wind und leeres Geschwätz.

SOKRATES: Schüchtern, verehrter Kallikles, bist du gerade nicht – wie du da so ohne jede Hemmung loslegst! Was andere nur denken, aber sich nicht zu sagen trauen – das sprichst du völlig ungeniert aus. – Dann stimmt es also gar nicht, daß glücklich sei, wer vollkommen bedürfnislos ist?

KALLIKLES: Da wären ja die Steine und die Toten am glücklichsten! Nein, angenehm lebt man nur, wenn man so viel als nur möglich in sich hineinjagt!

SOKRATES: Das wäre aber dann eher das Leben einer Ente!

KALLIKLES *gar nicht zuhörend, unbeirrt fortfahrend:* Ja, das ist es, was ich meine: alle Begierden kennen und sie alle befriedigen! Nur so genießt man das Leben!

SOKRATES: Heißt denn »angenehm« schon auch »gut«? Hältst du das für ein und dasselbe? Oder gibt es Dinge, die angenehm sind und doch nicht gut?

KALLIKLES: Nein! Es ist ein und dasselbe.

SOKRATES: Hast du noch nie einen Dummkopf gesehen, der sich wohl fühlte?

KALLIKLES: Was soll denn das?

SOKRATES: Nichts. Antworte nur!
KALLIKLES: Ja, ich habe schon einen gesehen.
SOKRATES: Weiter. Du hast doch auch schon einmal einen gescheiten Mann gesehen, der vergnügt war – oder auch einen, dem übel zumute war?
KALLIKLES: Ja.
SOKRATES: Wer hat denn nun mehr Vergnügen gehabt oder auch mehr Mißvergnügen – die Gescheiten oder die Dummköpfe?
KALLIKLES: Der Unterschied wird kaum sonderlich groß gewesen sein.
SOKRATES: Gut. Das genügt mir. – Weiter: Wenn im Kriege der Feind sich zurückzieht – wer freut sich mehr darüber, die Feigen oder die Tapferen?
KALLIKLES: Beide gleich viel – oder doch fast gleich viel.
SOKRATES: Also, du sagst es selbst: Die Menschen empfinden ungefähr gleich viel Vergnügen oder Mißvergnügen – ob sie nun gescheit sind oder dumm, tapfer oder feige?
KALLIKLES: Ja.
SOKRATES: Die Gescheiten und die Tapferen – das sind aber doch die Guten! Und die Feiglinge und die Unverständigen – das sind die Schlechten?
KALLIKLES: Ja.
SOKRATES: Folglich sind die Guten und die Schlechten, alle beide, nahezu gleichermaßen gut und alle beide nahezu gleichermaßen schlecht?
KALLIKLES: Zum Henker – worauf soll das nun wieder hinaus?
SOKRATES: Das ist, mein lieber Kallikles, nichts anderes als die Konsequenz, der niemand ausweichen kann, wenn er damit begonnen hat, zu sagen, das Angenehme und das Gute sei ein und dasselbe.
KALLIKLES: Oh, ich höre dir schon eine Zeitlang nur so zu

und sage »ja« – weil ich merke, daß du dich freust, sobald dir einer etwas zugibt, und sei's auch nur im Scherz. Du glaubst doch nicht wirklich, ich wollte bestreiten, daß das Vergnügen, die Lust manchmal gut ist, manchmal aber auch schlecht!?

SOKRATES: Ach! Und gut ist es dann, wenn es einem gut tut, ja? Und schlecht ist es, wenn es schadet?

KALLIKLES: Ja.

SOKRATES: Wenn es aber gut tut, dann muß man dafür sorgen, daß man es auch bekommt?

KALLIKLES: Natürlich!

SOKRATES: Wenn es aber schadet, dann muß man es sich vom Leibe halten?

KALLIKLES: Natürlich! Klar!

SOKRATES: Dann muß man also, wie alles andere, auch das Angenehme um des Guten willen wählen – nicht aber das Gute um des Angenehmen willen!?

KALLIKLES: Freilich.

SOKRATES: Ist denn aber jeder imstande, zu unterscheiden, welche von den angenehmen Dingen gut sind und welche schlecht? Oder kann das nur ein sachverständiger Mann?

KALLIKLES: Natürlich!

SOKRATES *mit abschließender Gebärde:* Dann sind wir also über folgendes einig: Es gibt das Gute und es gibt das Angenehme; und das eine ist nicht dasselbe wie das andere. Das Angenehme, wenn es uns zuteil wird, macht, daß wir uns wohl fühlen und uns freuen; das Gute, wenn es uns zuteil wird, macht, daß wir gut sind. Einverstanden?

KALLIKLES: Ja.

SOKRATES: Ausgezeichnet! Wie aber steht es denn nun mit der Kunst der Rede – wie sie vor dem Volke geübt wird, in Athen und anderswo? Glaubst du, die, welche mit dem Wort umgehen, haben immer das Beste ihrer Mitbürger im Auge – oder wollen sie ihnen nur Angenehmes sagen, ganz gleich ob zum Guten oder zum Bösen?

KALLIKLES *ärgerlich:* Darauf kann man nicht mit einem Satz antworten!

SOKRATES: Dann sage mir: Wie soll denn ich mich verhalten? Bitte, ganz präzis. Soll ich, wie ein Arzt, dafür sorgen, daß die Athener gesünder, also besser werden – oder soll ich ihnen, wie ein Sklave, nach dem Munde reden?
Kallikles schweigt.
Sag mir die Wahrheit.
Schweigen.
Unverblümt und aufrichtig!

KALLIKLES *nach einigem Zögern:* Also gut: rede ihnen nach dem Munde!

SOKRATES: Ach, du edler Mensch! Du forderst mich auf zur Schmeichelei?

KALLIKLES *mit drohendem Unterton:* Du scheinst dich ja sehr sicher zu fühlen, Sokrates! Als könnte dir nichts geschehen. Als wohntest du aus dem Wege!

SOKRATES: Da wäre ich wirklich ein Narr, wenn ich nicht sähe, daß in unserer Stadt allen alles passieren kann. – Und es wäre nicht einmal sehr zum Verwundern, wenn ich in solchem Falle sterben müßte. Soll ich dir sagen, warum ich darauf gefaßt bin?

KALLIKLES: Nun?

SOKRATES: Denk dir einen Arzt, angeklagt von einem Koch, du weißt, von so einem Zuckerbäcker, angeklagt vor einem Gerichtshof von Kindern – ja, so werde ich verurteilt werden. Mach dir nur einmal klar, was dieser Angeklagte wohl zu seiner Verteidigung anführen könnte, vor einem solchen Gericht! Der Ankläger würde etwa sagen: Dieser Mann, liebe Kinder, hat euch viel Schlimmes angetan, mit Schneiden und Brennen und mit bitterer

Arznei; er läßt euch hungern und dürsten! Ich aber, ich habe euch nur Gutes getan mit Leckerbissen und Süßigkeiten. – Nun, was sollte der Arzt in solcher Lage wohl vorbringen? Und wenn er die Wahrheit sagen würde: »Das alles, liebe Kinder, habe ich doch um eurer Gesundheit willen getan« – was für ein Geschrei, glaubst du wohl, würden diese Richter anstimmen?

KALLIKLES: Das kann man sich ausmalen.

SOKRATES: Nun, genau so würde es mir ergehen, falls ich vor Gericht erscheinen müßte. Ich werde mich ja nicht rühmen können, ihnen Annehmlichkeiten verschafft zu haben – was sie doch für das einzig Gute halten. Im Gegenteil – was die Annehmlichkeiten betrifft, ich gebe ja weder denen Beifall, die sie herbeischaffen, noch denen, die sie genießen. Und so werde ich über mich ergehen lassen müssen, was immer man beschließt.

KALLIKLES: Und das findest du nun richtig und in Ordnung – daß man sich in solcher Lage nicht helfen kann!

SOKRATES: Ja, das finde ich richtig und in Ordnung – eines allerdings vorausgesetzt: daß man sich bereits geholfen hat, dadurch nämlich, daß man kein Unrecht getan hat, gegen die Menschen nicht und auch gegen die Götter nicht, weder durch Worte noch durch Taten. Das ist die beste Selbsthilfe, die es gibt! Und wenn es sich herausstellen sollte, daß ich nicht imstande wäre, diese Art von Hilfe mir selbst oder auch einem anderen zu leisten, dann müßte ich mich schämen. Müßte ich aber deswegen in den Tod gehen, weil ich mich nicht verstehe auf jene schmeichlerische Wortemacherei – dann würde mir das Sterben leicht, das darfst du mir glauben.

Niemand fürchtet doch das Sterben selbst, oder er müßte schon allen Verstand und alle Beherztheit verloren haben. Was man fürchtet, ist: Unrecht tun! Das schlimmste

Übel, das einem widerfahren kann, ist dies: daß die Seele, beladen mit Schuld, in den Hades kommt. – Wenn du magst, so will ich dir hiervon eine alte Geschichte erzählen.

KALLIKLES *nicht sehr begeistert:* Meinetwegen – wenn es absolut sein muß!

SOKRATES: Also höre zu. Du wirst die Geschichte allerdings für ein Märchen halten; ich halte sie für Wahrheit! – und weil sie wahr ist, darum erzähle ich sie dir. *Er denkt kurze Zeit schweigend nach und beginnt dann.* Von jeher galt für die Menschen das göttliche Gesetz: Wer sein Leben in Gerechtigkeit und Frömmigkeit verbracht hat, der wird nach seinem Tode auf die Inseln der Seligen versetzt. Dort wohnt er dann, fern von allem Leid, in vollkommener Glückseligkeit. Wer aber ein ungerechtes und gottloses Leben geführt hat, der kommt an den Ort der Sühnung und der Strafe, welcher Tartaros heißt. – Daraus, scheint mir, geht hervor, daß nach dem Tode, nach der Trennung also von Leib und Seele, beide, Leib und Seele, fast unverändert so blciben, wie sie im Leben waren. An der Seele, wenn sie den Leib verlassen hat, tritt alles klar zutage, nicht nur, was sie von Natur ist, sondern auch das, was später in sie eingezeichnet worden ist durch des Menschen eigenes Tun. Und wenn sie nun vor den Richter kommt, dann mag es sein, daß er an der Seele nichts Gesundes finden kann, vielmehr überall Narben wie von Geißelhieben, die Folgen von Meineid und Ungerechtigkeit; alles an ihr ist unförmig infolge von Lüge und Prahlerei; nichts ist gerade, weil sie ohne Wahrheit gelebt hat. Dann schickt der Richter sie sogleich in schimpfliche Haft; und da leidet sie, was sie verdient. Wer heilbare Frevel begangen hat, der wird durch die Strafe auf den Weg der Besserung gebracht. Doch wird ihm, im Hades

nicht anders als auf Erden, diese Frucht allein durch Leid und Schmerzen zuteil: anders kommt man nicht los von der Ungerechtigkeit. – Die aber durch ihre heillosen Frevel selber unheilbar geworden sind, müssen die furchtbarsten Qualen erdulden, in dem Unterweltskerker für ewige Zeit als Schreckensbilder aufgestellt, allen dort ankommenden Übeltätern ein furchtbares Schauspiel.
Wenn Polos die Wahrheit berichtet hat, dann werden darunter auch Archélaos sein und alle Gewaltherrscher, die ihm gleichen.
Nach einer kurzen Pause neu ansetzend: Bisweilen aber kommt dem Richter auch eine Seele von anderer Art zu Gesicht, welche, die Götter ehrend, um der Wahrheit willen gelebt hat, die Seele eines Menschen, zum Beispiel – verehrter Kallikles! – eines philosophischen Mannes, der sein Leben lang abseits vom leeren Getriebe der Welt das Seine getan hat. An dieser Seele aber findet der Richter Gefallen und sendet sie zu den Inseln der Seligen.
Was mich betrifft, Kallikles, ich glaube an die Wahrheit dieser Geschichte. Und ich habe im Sinn, meine Seele so wohlgestaltet wie möglich vor den Richter zu bringen. Ich kümmere mich also nicht um Ehre und Beifall bei den Vielen. Ich will vielmehr nach der Wahrheit trachten und versuchen, so gut als möglich – nicht allein zu leben, sondern auch zu sterben, wenn es soweit ist. Ich rufe aber auch, wo immer ich kann, alle anderen Menschen, und jetzt auch dich, dazu auf, dieses Leben zu wagen und diesen Kampf, den ich für größer erachte als alle Machtkämpfe der Welt.
Im folgenden spricht Sokrates nicht mehr den Kallikles, sondern den Zuschauer an.
Aber vermutlich hältst du das alles für ein Ammenmärchen, nicht wert, daß man sich darum kümmert. Das wäre

sogar ganz begreiflich – nur, wir sind mit all unserem Forschen außerstande, etwas Besseres und etwas Wahreres zu entdecken! Von all den Behauptungen, die wir erörtert haben, ist nur eine unerschüttert geblieben: Unrecht tun ist weit mehr zu fürchten als Unrecht leiden; und: der Mensch muß vor allem danach trachten, gut nicht zu scheinen, sondern zu sein.

Eine Zeitlang herrscht Schweigen. – Die junge Frau ist sichtlich stark beeindruckt, fast betroffen. – Der Abgeordnete raucht seine Zigarre weiter, etwas nervös; ab und zu, teils skeptisch, teils respektierend, wiegt er den Kopf hin und her. – Der Schriftsteller lehnt sich mit etwas genießerischer Gestik in seinen Sessel zurück und verharrt so unbeweglich, offenbar eine Stellungnahme vermeidend. – Der Journalist, anscheinend am wenigsten berührt, geht, das peinlich werdende Schweigen ignorierend, quer durch den Raum, holt sich eine Zigarette, die er, betont unfeierlich, anzündet und sogleich darauf energisch im Aschenbecher wieder zerdrückt. Er sieht den Professor an und schüttelt energisch und aggressiv den Kopf. – Der Professor betrachtet, interessiert, mit einem Hauch von Amüsiertheit, aber ernst, einen nach dem andern. Dann wendet er sich zu dem Journalisten:

PROFESSOR: Darf man erfahren, womit Sie unzufrieden sind? Was haben Sie einzuwenden?

JOURNALIST: Oh, eine ganze Menge! – Vor allem: diese Geschichte zum Schluß... Ich bin übrigens erstaunt, daß so etwas wortwörtlich bei Platon steht; es kommt einem ja alles sehr bekannt vor...

PROFESSOR: Ist das ein Einwand? Schließlich...

JOURNALIST: Natürlich nicht. Ich habe ganz andere Einwände!

Erstens: was soll die Geschichte überhaupt? Was hat sie, rein vom Thema her, mit dem Bisherigen zu tun?

PROFESSOR: Ich glaube, auf die Frage gibt es eine Antwort. – Und »zweitens«?

JOURNALIST: Finden Sie nicht, daß diese fromme Erzählung von Himmel und Hölle völlig unverbindlich ist? Jedenfalls ist sie doch alles andere als ein Argument!

PROFESSOR *blättert lächelnd im Text ein paar Seiten zurück und liest vor:* »Du, Kallikles, hältst sie für ein Märchen; ich halte sie für Wahrheit.« – Den Einwand hat offenbar Platon schon gekannt.

JOURNALIST: Mag sein! Aber er antwortet nicht darauf. Eines Augenblicks hört er einfach auf, philosophisch zu argumentieren. Auf einmal kommt etwas völlig anderes.

JUNGE FRAU: Und wo steht geschrieben, daß es um jeden Preis »philosophisch« zugehen muß? Gibt es nicht auch noch andere Argumente?

PROFESSOR *überrascht:* Sehr gut! Das ist ausgezeichnet. Eine Lieblingstheorie von mir: Platon interessiert sich gar nicht für »Philosophie«! Und wahrscheinlich ist gerade dies das Philosophische an ihm!

SCHRIFTSTELLER *lässig einwerfend:* Aha. Pascal: Der wahre Philosoph macht sich lustig über die Philosophie? Meinst du das?

PROFESSOR *zögernd:* Vielleicht! Etwas Ähnliches. – Nein, doch nicht. Bei Platon liegt die Sache anders!

JOURNALIST: Also schön, Platon interessiert sich nicht für die Philosophie. Für was interessiert er sich denn?

PROFESSOR: Er interessiert sich für die Antwort. Er interessiert sich für eine möglichst zutreffende und eine möglichst umfassende Antwort auf eine Frage!

JOURNALIST: Auf was für eine Frage?

PROFESSOR: In diesem Fall auf die Frage: Warum, weshalb

eigentlich muß der Mensch, unbedingt, gerecht sein, selbst wenn er dabei den Kopf riskiert? Jede hierauf mögliche Antwort wird geprüft – bis dann das letzte, das äußerste Argument hervorgeholt wird, das Argument vom Gericht nach dem Tode.

JOURNALIST: Aber »Gericht nach dem Tode« – Sie müssen doch zugeben: das ist kein philosophisches Argument mehr – *zu der jungen Frau hin, mit leicht ironischer Akzentuierung* – vorausgesetzt, daß man unter Philosophieren Selberdenken versteht!

PROFESSOR: Immerhin heißt Philosophieren auch: Keine erreichbare Information ausschließen!

JOURNALIST: Aber handelt es sich wirklich um eine Information? Vor allem: Ist sie erreichbar, das heißt, ist sie nachprüfbar? Außerdem: Wer zeichnet für sie verantwortlich?

PROFESSOR: Natürlich haben Sie recht: Hier hört, genaugenommen, die Autorschaft Platons auf. Der Autor dieser Geschichte, wiederum würde ich sagen: dieses Mythos, vom Totengericht – der Autor ist weder Sokrates noch Platon.

JOURNALIST *mit leicht ärgerlicher Verwunderung:* Sondern wer? Wer sonst?

PROFESSOR: Platon nennt keinen Namen. Er sagt: Weisheit der Alten. Aber die »Alten« bleiben anonym. In der Überlieferung geht es ja oft anonym zu. Überlieferung – das ist übrigens wahrscheinlich das richtige Wort; es handelt sich im Grunde um »heilige Überlieferung«. Aber das ist ein neues Thema...

Der Abgeordnete sieht mit demonstrativer Umständlichkeit auf die Uhr.

PROFESSOR *zum Abgeordneten:* Ja, ja, Sie haben recht: wir geraten ins Aschgraue. Aber seien Sie unbesorgt. *Wieder zum Journalisten gewandt:* Auf das Thema »Tradition«

brauchen wir uns jetzt, zum Glück, gar nicht einzulassen. Entscheidend ist, daß Platon jedenfalls sie, die Tradition, die heilige Überlieferung, akzeptiert – und zwar nicht bloß als »Information«, sondern als Wahrheit, als unantastbare Wahrheit.

JOURNALIST: Schön und gut. Aber »heilige Überlieferung«? Ich habe keine Ahnung, was Sie damit konkret meinen; so viel allerdings ist mir klar [und Ihnen ja wohl auch]: mit Denken, mit Erkenntnis, mit Wissenschaft, mit der rationalen Durchleuchtung von Sachverhalten hat sie nichts zu tun; und mit Philosophie gleichfalls nichts!

PROFESSOR: Achtung, Achtung! Ob sie mit Philosophie nichts zu tun hat...? Aber sicher, sie ist etwas anderes. Wenn wir schon eine Einordnung in die uns geläufigen Kategorien versuchen – ja, ich würde sagen: die heilige Überlieferung ist eine theologische Angelegenheit; es handelt sich tatsächlich um so etwas wie Theologie – auch hier im Gorgias, zum Schluß!

JOURNALIST *meint nun endlich das schlagende Argument gefunden zu haben:* Voilà: Theologie! Auf genau das will ich ja hinaus! Hier erscheint doch die Theologie als der Weisheit letzter Schluß!

Der Professor nickt zustimmend, mit sichtlichem Vergnügen am Streitgespräch.

JOURNALIST *in aggressivem Ton:* Anscheinend finden Sie nichts dabei? Aber haben Sie uns nicht ganz zu Anfang versprochen, dieser platonische Gorgias sei ein Ausbund von Aktualität?

PROFESSOR *sehr rasch und energisch, aber ohne Schärfe:* Doch – das habe ich gesagt, und das sage ich auch noch jetzt! – Aber natürlich, Sie halten das für absurd.

Der Schriftsteller hebt beschwörend die Hände; er will offenbar vermitteln, wohl auch ablenken.

SCHRIFTSTELLER: Könnte man sich nicht auf folgendes einigen? *Umständliche gestische Einleitung.* Diese »Geschichte« – wie auch immer sie zu deuten sein mag; ganz gleich auch, wer ihr Autor ist [ich würde sagen: natürlich ist Platon der Autor! Wer schließlich sonst? Platon der Mythenschöpfer, der Dichter!].

PROFESSOR *mehr für sich:* Mythen werden nicht gedichtet! Ein wirklicher Mythos...

JUNGE FRAU: ...ist so etwas wie eine Offenbarung, etwas wie »Wort Gottes«: das ist Ihre Meinung! Ich ahne es.

PROFESSOR: »Ahnen« Sie aber auch, wie unglaublich schwer es ist, hier etwas nur einigermaßen Präzises zu sagen?

SCHRIFTSTELLER *beharrend:* Also, mag das alles sein, wie es will – Pardon! – aber diese Geschichte ist doch einfach unentbehrlich! Wie steht es denn zum Schluß? Natürlich, Platon ist der Meinung, daß Sokrates recht hat; und wir wurden darüber ja auch nicht im unklaren gelassen. Aber mag er tausendmal recht haben: er ist doch völlig allein geblieben; er hat nicht den mindesten Erfolg gehabt. Am Ende ist Sokrates ganz und gar isoliert. Aber dann! Dann kommt die mythische Geschichte! Der Einsame tritt unversehens vor einen neuen, vor diesen unerhörten, bisher verborgenen metaphysischen Horizont! Und siehe da, die Welt ist wieder auf die rechten Maße gebracht! Die Form schließt sich zu fugenlos vollkommener Gestalt! Der Dialog wird zum Kunstwerk!

PROFESSOR *der bereits die letzten Sätze mit gutartig-ironischem Nicken begleitet hat:* Zur poésie pure!

SCHRIFTSTELLER *will sich nicht aus dem Konzept bringen lassen:* Genau dies scheint mir das Großartige zu sein an dem Mythos vom Totengericht: daß er das zuwege bringt! Er ist einfach das Finale, ohne das die Symphonie Fragment geblieben wäre. – Gibt es jemanden, der das bestreitet?

Der Journalist reckt energisch die Hand hoch, dann ziemlich apodiktisch:
JOURNALIST: Doch! Es gibt!
PROFESSOR: Ich bestreite es gar nicht! – Dennoch bin ich nicht mit dir einig – das erwartest du ja wohl auch nicht. Ich bin nicht glücklich bei dieser Aufforderung zu einer, wie soll ich sagen, unechten Einmütigkeit oder sagen wir, zu einer Einmütigkeit in bezug auf das gerade Nicht-Entscheidende.
SCHRIFTSTELLER *resigniert:* Und was ist das Entscheidende?
PROFESSOR: Jedenfalls nicht die »formale Großartigkeit«!
SCHRIFTSTELLER: Sondern?
PROFESSOR: Entscheidend ist, ob es »zutrifft«; entscheidend ist Wahrheit. Aber die einzige Frage, die der historisch Gebildete mit absoluter Sicherheit nicht stellt, ist die Frage nach der Wahrheit. Das ist natürlich ein bißchen übertrieben – aber soweit es stimmt, wären wir in genau dem gleichen Maße unfähig geworden, Platon so zu lesen, wie er gelesen sein will. Ihm nämlich ist es im Grunde nur um eines zu tun: um die Kenntlichmachung und Aufschließung von Realität, um die Kenntlichmachung vor allem des Menschen selbst; das heißt: es ist ihm um Wahrheit zu tun! – Um sie und nicht um ihn sollen die Freunde sich kümmern. Mit diesem beschwörenden Zuruf verabschiedet sich Sokrates in der Todeszelle von den Gefährten – die übrigens nicht allzuviel begreifen. Wie sie ja auch nicht begriffen haben, warum ihr Meister sich geweigert hat, zu fliehen, obwohl sie doch alles glänzend vorbereitet hatten. Nur ein einziger von den Schülern und Jüngern hat etwas begriffen: Platon! Und über seinem eigenen Werk steht auch so etwas wie jene sokratische Aufforderung: Laßt euch nicht faszinieren von der sprachlichen und dichterischen Gestaltung, von

dem farbigen Zusammenspiel der geschichtlichen Einwirkungen, Herausforderungen und Abhängigkeiten. Entscheidend ist etwas ganz anderes... Und dies andere – *er winkt ab, wie resignierend* – ach, man braucht nur jenen einzigen Satz aus dem Phaidon zu zitieren. Klarer kann man es nicht sagen: ›Kümmert euch nicht um Sokrates, kümmert euch um die Wahrheit!‹

DAS »GASTMAHL«

Personen

SOKRATES   PAUSANIAS
AGATHON   PHAIDROS
ARISTOPHANES ALKIBIADES
ERYXIMACHOS ARISTODEM
SPRECHER

Das Folgende ist so zu verstehen, daß es sich an jedem beliebigen Ort und zu jeder beliebigen Zeit zutragen könnte, nicht bloß im Athen des späten 5. Jahrhunderts vor Christus, sondern auch in einer heutigen Großstadt.

Die Szene

ist der Wohnraum eines modernen, großzügig gebauten Hauses. Die Modernität ist jedoch nicht so genau datierbar, daß man sich nicht dennoch eine gewisse Zeitlosigkeit vorstellen könnte. Die Möblierung ist locker und vielfältig: kleine Tische, Sessel, gepolsterte Bänke, Schemel – alles von klarer und leichter Bauart, so daß sich ohne viel Umstände eine Gesprächsrunde bilden und auch wieder auflösen kann. Mehrere Stehlampen; an den Wänden Bücher und Bilder; ein paar Plastiken. Links öffnet sich der Raum zu einem Atrium hin, durch das auch die neu hinzukommenden Gäste eintreten. Nach rückwärts schließt sich in der ganzen Breite ein geräumiges Zimmer an, das durch einen von der Decke bis zum Fußboden reichenden grobmaschig gewebten, also nicht undurchsichtigen Vorhang abgetrennt ist; er ist nur zur Hälfte zugezogen. Davor das mit zahlreichen Schüsseln bestückte »Büffet«. Die rechte Wand ist aus Glas. Darin eine breite Tür, die auf eine Gartenterrasse führt; sie steht offen.

Die Personen

Zum Gespräch versammelt sich ein Kreis von Intellektuellen, die miteinander gut bekannt oder befreundet sind: Arzt, Schriftsteller, literarisch Interessierte. Die Kleidung der Gesprächsteilnehmer soll ziemlich vielfältig sein, zwar durchaus modern und vielleicht sogar gelegentlich modisch, aber dennoch frei von allzusehr auf ein bestimmtes Jahrzehnt be-

schränkten Einzelheiten. Außerdem zwei oder drei Diener, in weißer, hochgeschlossener Uniform, aber ohne irgendwie militärische Anklänge; sie müßte heute so gut wie vor zweihundert Jahren, in Europa so gut wie in Indien denkbar sein. – Neben den auf dem Bildschirm erscheinenden Personen ist noch ein unsichtbar bleibender Sprecher beteiligt.

SOKRATES: *Etwas über fünfzig Jahre alt. In seiner Kleidung ist etwas von unbeholfener Feiertäglichkeit [z. B. altmodischgroßartige Krawatte]. Sein Auftreten und Gehaben läßt es verständlich werden, daß er von den übrigen Teilnehmern sowohl als, sagen wir, »prachtvolles Original« mißverstanden wie auch als ein genialer, durch seinen existentiellen Ernst hinreißender philosophischer Lehrmeister bewundert und enthusiastisch verehrt werden kann.*

AGATHON: *Der Hausherr und Gastgeber des Abends, berühmter Schriftsteller. Etwa fünfunddreißig Jahre alt. Mit großer Sorgfalt, sehr modisch aber betont lässig gekleidet; es kann sogar ein leichter Zug ins Geckenhafte diskret angedeutet werden. Gesellschaftlich gewandt und situationsüberlegen. In jeder Hinsicht, nicht nur literarisch, letzte avantgardistische Aktualität beanspruchend.*

ARISTOPHANES: *Der Komödiendichter ist ein besonders geehrter Gast. Breite, sonore Vitalität. Aber meist schweigsam; nur gelegentlich dröhnendes Gelächter und scharfe Anmerkungen. Hinter seiner das Groteske liebenden Ausdrucksweise verbirgt sich tragischer Ernst. Seine Kleidung ist etwas altmodisch-unordentlich; die Nachlässigkeit des seiner selbst sicheren Mannes, der sich um das jeweils Modische nicht kümmert. Etwas älter als Sokrates.*

ERYXIMACHOS: *Ein Arzt, der etwas vom weltanschaulichen Gesundheitsapostel hat; er gibt der vornehmen Gesellschaft die Rezepte für eine »naturgemäße« Lebensweise. Pedantisch gekleidet; leichter Anflug von reformerischem »Eigenkleid«; vielleicht Sandalen oder Schillerkragen oder Kniehose; jedoch soll das Eigenbrötlerische nicht übermäßig betont sein. Etwa fünfundvierzig Jahre alt. Brille. Stark lehrhaft sprechend.*

PAUSANIAS: *Ein etwa fünfzigjähriger wohlhabender Mann, literarisch gebildet und vielseitig interessiert. Soigniert gekleidet. Er liebt es, sich »ideal« auszudrücken, weiß aber im Grunde, daß ihn dabei niemand ernst nimmt. Ironischer Relativismus.*

PHAIDROS: *Ein junger Künstler und Literat. Rollkragenpullover. Das Leidenschaftliche seiner Natur ist bis in die Haartracht sichtbar. Romantisch, aber nicht nach der Seite verschwommener Gefühlsseligkeit, sondern nach der des Heroischen. Nach Worten suchend, dann mit explosiver apodiktischer Heftigkeit sich äußernd.*

ALKIBIADES: *Altersgenosse des Agathon. Laut, verwöhnt, erfolgsgewohnt. Schamlos und »zu allem fähig«. Modisch gekleidet, aber schon etwas ramponiert. Ein politischer Demagoge, dessen künftige Unheilstaten bereits ahnbar sind.*

ARISTODEM: *Ein sehr junger, dem Sokrates unkritisch ergebener Student. Kleidung: Buschhemd, Blue Jeans, Sandalen. Er darf ruhig etwas komisch uneingepaßt wirken; doch muß glaubhaft bleiben, daß er nach Platons Meinung ein hoffnungsvoller Fall ist. Während des ganzen Abends ist er als ein stets leidenschaftlich aufmerksamer Zuhörer im Blick zu behalten.*

Sogleich mit dem Erscheinen des Titels auf dem Bildschirm hört man Musik. Sie vor allem hat die Aufgabe, eine Atmosphäre nicht datierbarer Zeitlosigkeit zu schaffen und den sozusagen surrealistischen Charakter von Ort und Zeit hervortreten zu lassen. Ich stelle mir melodisch-heitere Klangstrukturen vor, die freilich kaum Assoziationen an »Klassisches« oder sonst Bekanntes wachrufen; Instrumentierung ohne Klavier und Geige; eher Cembalo, Laute, Flöte, Schlagzeug. – Von Zeit zu Zeit wird die Musik lauter, und die Anwesenden unterbrechen das Gespräch und hören zu. Es bleibt offen, ob, etwa im Atrium, von unsichtbaren Spielern musiziert wird oder ob es sich um Musik aus dem Lautsprecher handelt.
Beim Aufblenden wird der ganze Raum überschaubar. Agathon gibt mit diskreter Gestik einem Diener eine Anweisung, der daraufhin in den rückwärtigen Raum geht. Eryximachos, eine Nuance zu feierlich eine große Weintraube vor sich hertragend, und Phaidros, der sichtlich etwas gelangweilt aus seiner Hand ab und zu eine Nuß in den Mund steckt, gehen gemächlich zu der offenen Terrassentür und bleiben in der Nähe stehen, in zähflüssigem Gespräch.

[*Unhörbarer Dialog; von der Musik und vom Kommentar des Sprechers übertönt:*
ERYXIMACHOS: Vom Standort des Arztes aus betrachtet, sieht eben die Welt anders aus, sehr anders. Kannst du dir das vorstellen?
PHAIDROS *freundlich, zerstreut:* Doch, ich verstehe das schon!
ERYXIMACHOS: Die Welt sieht anders aus, aber vor allem der Mensch! Völlig anders!]

Pausanias und Aristophanes sind im vorderen Winkel des Raumes sitzen geblieben. Pausanias nimmt, aus der von einem Diener angebotenen Vielfalt bedachtsam auswählend, eine Zigarre und zündet sie umständlich an, während Aristophanes dabei ist, einen Apfel sachgerecht zu zerteilen.
Ein Diener säubert rasch und zugleich ruhig die Tische; Geschirr, Besteck, Servietten werden auf einem elegant geformten Tischwagen hinausgeschafft.
Der von Agathon in den rückwärtigen Raum geschickte Diener kehrt zurück und geht, betont geräuschlos, umher, um die Lampen zu entzünden.

SPRECHER: Platons »Gastmahl«! Der Titel ist zwar sehr alt, aber er stimmt nicht ganz. Die Schmauserei ist schon vorbei. Auch der griechische Name »symposion« – »Trinkgelage« – trifft, wie sich noch zeigen wird, nicht eigentlich zu. Eher handelt es sich um so etwas wie ein Streitgespräch, um einen Diskussionsabend.
Im Augenblick allerdings sieht es noch nicht danach aus, als sollte je eine Diskussion in Gang kommen. Sie ist noch nicht einmal beschlossen. Seltsamerweise ist die Hauptperson ausgeblieben –
Die Kamera richtet sich auf Agathon, der mit etwas angestrengter Aufmerksamkeit der Musik zuzuhören scheint, während er zugleich an etwas völlig anderes denkt. Mehrmals blickt er auf seine Armbanduhr.
weswegen man es schon begreift, daß der Gastgeber ein wenig nervös wird. Schließlich hat er sich die Einladungen wohl überlegt, zu diesem sehr besonderen Anlaß. Seine neueste Tragödie – vorgestern war die Premiere – ist nicht nur ein gewaltiger Publikumserfolg; sie hat ihm vor allem, was er heute abend im kleinsten Kreise zu

feiern gedenkt, den lange erwarteten großen Literaturpreis eingebracht.

Der Applaus allerdings droht ihm bereits ein wenig zu Kopfe zu steigen. Der Mensch Agathon scheint ihm nicht ganz gewachsen zu sein; er braucht ihn schon zu sehr, den Applaus. *Die Kamera richtet sich auf Aristophanes.* Erstaunlich, daß Agathon einen Mann wie Aristophanes eingeladen hat. Doch das ist möglicherweise taktisch zu verstehen.

Man tut schon gut daran, es mit Aristophanes nicht zu verderben. Wofür es aber kein absolut sicheres Rezept gibt; die Unabhängigkeit dieses Mannes läßt sich nicht einfangen. Es ist noch nicht lange her, daß die Athener Tränen gelacht haben über einen preziösen Agathon in Frauenkleidern – auf die Bühne gebracht durch Aristophanes! Bekanntlich ist auch Sokrates nicht verschont geblieben. Ihm ist es nicht besser ergangen. Eher schlimmer.

Die Kamera zeigt nochmals genau wie zu Anfang den ganzen Raum, wobei das Abräumen, die Pause, das Stagnierende der Situation besonders deutlich wird. Die Musik, die den Beginn noch einmal wiederholt, unterstreicht diesen Eindruck.

Das Ganze ist, wie gesagt, ein wenig ins Stocken geraten; und das Warten bekommt schon etwas Lähmendes. Aristophanes langweilt sich mit Pausanias, einem kultivierten Genießer, von dem sich nicht viel mehr sagen läßt, als daß er reich, »interessiert« und überall dabei ist. Und was Eryximachos, ein etwas schrulliger Modearzt der reichen Athener, dem Phaidros erzählt, das hat dieser junge Mann, dem man die Ungeduld ansieht, schon hundertmal gehört.

Eryximachos hat einen Diener herangewinkt, der ihm eine Schale mit Wasser reicht; er weiß zunächst nicht, wohin damit, stellt sie dann auf einem Wandbord ab, taucht die Traube mehrfach ein, läßt das Wasser abtropfen und beginnt umständlich die Beeren, die er kritisch betrachtet, einzeln in den Mund zu stecken. Hierdurch immer wieder abgelenkt und unterbrochen, doziert er ohne sonderlichen Nachdruck.

ERYXIMACHOS: Sich bewegen ist noch viel wichtiger! Natürlich draußen, in freier Luft.[1] Man kann das gar nicht übertreiben. Ich pflege zu sagen, Medizin und Gymnastik müssen da gemeinsam...

Er unterbricht sich und gibt einem Diener, der die Terrassentür schließt, durch energische Gesten zu verstehen, daß er sie offen wünscht; als der Diener ihn nicht versteht, macht er selbst, mit nachsichtiger Strenge, die Tür wieder auf.

Währenddessen schwenkt die Kamera langsam zu Pausanias und Aristophanes hinüber. Aristophanes ist dabei, eine Szene aus einer neuen Komödie zu schildern, an der er arbeitet, wobei er die Stücke des zerteilten Apfels auf dem Tisch an Stelle der agierenden Personen bewegt. Pausanias, an seine Zigarre hingegeben, hört mit zerstreuter Höflichkeit zu. Er wird erst lebhaft, als er merkt, daß eine auf den Hausherrn zielende Bosheit dahintersteckt.

ARISTOPHANES: Also, der Bote sagt: Wir brauchen Dichter in Athen. Die guten sind tot, und die lebenden sind schlecht. Worauf ihm dieser Unterweltsdämon antwortet: Erstens weißt du doch, daß hier keiner herauskommt. Und zweitens: Ihr habt keine Dichter? Wieso? Habt ihr denn nicht... *Hier stockt er, da er Agathon sich nähern sieht; dann wiederholt er leiser und mit einem vielsagenden, auf Agathon deutenden Gestus:* Keine Dichter? Ich denke, ihr habt doch den hochberühmten...[2]

PAUSANIAS *ihn unterbrechend:* Also die bei dir übliche geistvolle Gemeinheit!
Beide lachen. Agathon ist inzwischen zu ihnen getreten; er nimmt sich geistesabwesend eine Frucht und setzt sich gleichfalls. Gelegentlich blickt er seufzend auf seine Armbanduhr. Aristophanes schiebt die Apfelstücke beiseite und kramt eine kurze Pfeife und einen etwas altväterlichen Tabaksbeutel hervor. Plötzlich macht der Diener, der Agathon die Schüssel mit Früchten wieder abgenommen hat, ihn durch Zeichen darauf aufmerksam, daß anscheinend ein neuer Gast angekommen sei. Alle blicken zum Atrium hin, woher nun Aristodem, durch den Pförtner hineinkomplimentiert, den Raum betritt. Aristodem hat sich mit lebhaft erschreckten Gesten gewehrt und ein Mißverständnis aufzuklären versucht. Jetzt steht er voller Verlegenheit am Eingang und blickt sich hilflos um. Agathon hat sich ihm verwundert zugewandt; er schätzt mit raschem Blick die merkwürdige Aufmachung ab und stößt dann, mehr für sich sprechend, stutzig und leicht verärgert hervor:
AGATHON: Himmel, wer ist denn das? Was soll das? *Dann erinnert er sich plötzlich und spielt mit lauter Stimme den Hocherfreuten, indem er auf Aristodem zugeht.* Ach ja! Sieh mal an! Natürlich! Aristodem! Ausgezeichnet! Gestern habe ich dich gesucht, aber du warst ja einfach unsichtbar. Doch, doch! Nein, ich weiß, oder ich kann es mir denken: du willst irgend etwas mit mir besprechen. Aber das lassen wir jetzt auf sich beruhen; dafür ist morgen auch noch Zeit. Heute abend bist du mein Gast, du feierst mit! Nein, das trifft sich großartig! Aber – sag einmal, wo ist denn dein hochverehrter Herr und Meister? Weit kann er doch nicht sein!
Aristodem hat immer wieder voller Verlegenheit etwas zu

erklären und sich zu entschuldigen versucht; nun antwortet er, einmal strahlend, dann wieder hilflos hinter sich blickend und auf den Eingang zeigend:
ARISTODEM: Ja, ich wundere mich selbst. Wirklich. Ich bin ja mit ihm gekommen. Er hat mich nämlich eingeladen. Sonst wäre ich doch überhaupt nicht... Aber plötzlich ist er... ja, er muß noch draußen sein...
AGATHON *sichtlich erleichtert, zu dem Pförtner, der noch im Eingang stehengeblieben ist:* Rasch, rasch! Sieh nach und nimm ihn in Empfang. Und führe ihn sogleich herein. Aber rasch!
Aristodem hat versucht, hiergegen wiederum etwas einzuwenden und etwas zu erklären. Aber er wird von Agathon, der ihn energisch-freundlich am Ellbogen faßt, in die Mitte des Raumes geführt. Agathon winkt einem Diener, der sogleich den Tischwagen mit Vorspeisen heranbringt. Aristodem bekommt einen Teller überreicht; der Diener, Löffel und Gabel in der Hand, sieht ihn erwartungsvoll fragend an. Aristodem beginnt umständlich etwas auszusuchen, wobei er seine Wahl immer wieder im letzten Augenblick widerruft. Agathon sieht ihm amüsiert zu.
AGATHON: Und du wirst jetzt zunächst einmal essen!

[*Unhörbarer Dialog:*
AGATHON: Ich vermute, du bist hungrig. Wie meistens, hm?
ARISTODEM *unbefangen lachend:* Ja! Meist habe ich Hunger!
AGATHON: So ähnlich hab ich mir das gedacht. Also greif zu. Dies hier ist die Spezialität des Hauses! Ach, das magst du nicht? Gut, dann also dies?]

SPRECHER: Ja, dieser Junge ist etwas komisch. Doch soll man nicht zu gering von ihm denken. Zum Beispiel ist er in

diesem Kreise intelligenter Männer der einzige, der die Größe des Sokrates – wenn nicht begreift, so doch ahnt. Ungewöhnlich ist vor allem seine Fähigkeit, zuzuhören. Wenn wir heute etwas wissen von den damals geführten Gesprächen, dann verdanken wir das schließlich ihm, Aristodem – wie man bei Platon nachlesen kann.
Pausanias und Aristophanes sind aufgestanden und kommen langsam gleichfalls hinzu. Während Pausanias, kaum merklich ironisch redend, dem Aristodem einige Ratschläge gibt: Die Oliven, köstlich; nein, nicht die grünen, die schwarzen!, *tritt der Pförtner vom Atrium her rasch zu Agathon. Man sieht ihm an, daß er sich, bei allem schuldigen Respekt, seine eigene Meinung in dieser Sache bereits gebildet hat; und er legt sichtlich keinen Wert darauf, sie in übertriebener Diskretion für sich zu behalten.*
Aristophanes legt Pausanias die Hand auf den Arm, um ihn zum Schweigen zu bringen, und blickt gespannt zu dem Pförtner hin, mit einem erwartungsvollen Lächeln, das etwa besagt, er halte zwar sowieso alles für möglich, aber offenbar gebe es immer wieder Überraschungen.
Die Musik ist etwas lauter geworden.
Der Pförtner ist bemüht, sie zu übertönen, und spricht mit kaum verhülltem Spott in der Stimme.
PFÖRTNER: Der Herr steht draußen. Aber er will nicht hereinkommen.
AGATHON: Hat man so einen Unsinn schon gehört?
PFÖRTNER *in beharrendem Ton:* Der Herr steht draußen und schreibt etwas in sein Notizbuch. Ich habe ihn angesprochen. Aber er hört und sieht nichts!
Aristophanes lacht schallend los, was soviel heißen soll wie: Da habt ihr's! – Agathon, noch ärgerlicher geworden durch den Tonfall des Pförtners, den er für ungeschickt zu halten vorgibt, wiederholt nachdrücklich seine Anweisung.

AGATHON: Also nun geh schon! Das ist ja völlig absurd. Du wirst es doch noch zuwege bringen, einen Gast ins Haus zu bitten!
Noch während der Pförtner, eine Spur zu rasch, zum Eingang zurückgeht, tritt Sokrates ein. Man sieht es seiner Wohlgelauntheit sogleich an, daß er keinerlei Absicht hat, sich etwa zu entschuldigen. Alle blicken ihn an. Aristodem gibt dem Diener, hastig und erregt, den inzwischen gefüllten, aber noch unberührten Teller zurück und macht strahlenden Gesichts einige Schritte auf Sokrates zu. Agathon geht ihm rasch entgegen und reicht ihm die Hand.
AGATHON: Sokrates! Endlich! Wunderbar!
SOKRATES: Natürlich! Gestern allerdings, zu der Nachfeier – na, wieviel Menschen waren denn wohl gekommen: die Schauspieler, die Bühnenhandwerker, der Chor? Solchen Veranstaltungen bin ich nicht gewachsen. Aber heute? Das hatte ich doch versprochen. Das war doch klar, nicht? Ich habe mich ja eigens schön gemacht!

Die nun folgende Begrüßung geschieht teils durch Handschlag, teils durch bloßes Zuwinken. Eryximachos ist noch mit seiner Traubenmahlzeit beschäftigt. Dem Phaidros legt Sokrates freundschaftlich den Arm um die Schulter, während er, von Agathon geleitet, mit bewundernden und zugleich freundlich verneinenden Gesten an dem Wagen mit Vorspeisen und an dem Büffet entlangschreitet.

[*Unhörbarer Dialog:*
PAUSANIAS *auf die Speisen zeigend:* Du hast viel versäumt, Sokrates! Agathons Koch hat sich übertroffen. Es war exzellent.

AGATHON: Nichts ist versäumt. Wir holen alles nach!
SOKRATES: Nun, Phaidros, was hast du getrieben all die Zeit? Was gibt es Neues in der Literatur?
PHAIDROS: Ja, wo soll man da anfangen?
SOKRATES *in gespielter Hilflosigkeit vor dem Büffet stehenbleibend:* Welch ein Aufwand! Aber an mir ist er verloren, leider! Ich sehe zwar nicht nach einem Asketen aus, aber ... *Er erblickt die Schalen mit Nüssen und Früchten.* Ja, das wäre das Richtige!
Agathon lädt mit einer ausgreifenden Gebärde seine Gäste ein, sich im Kreise niederzulassen, führt Sokrates zu einer geräumigen Polsterbank hin und weist ihm den Platz zu seiner Rechten zu. Schemel und Sessel werden locker in der Runde angeordnet; dazwischen, von den Dienern aufgestellt, kleine Tische. Die Sitzordnung ist so, daß rechts von Sokrates Phaidros sitzt; neben ihm, durch einen größeren Zwischenraum getrennt, Pausanias. Dann Aristophanes und Eryximachos. Aristodem hat sich seinen Teller zurückgeholt und setzt sich nun schräg hinter Eryximachos, so daß er Sokrates ins Gesicht sehen kann; zunächst gibt er sich inbrünstig dem Essen hin.
AGATHON: Ich denke, wir setzen uns. Ach, wo ihr wollt.]

Zu Sokrates: Aber du, Sokrates, komm her, du setzest dich zu mir – damit ich ein bißchen profitiere von dem weisen Gedanken, der dir offenbar zugeflogen ist, da draußen. Sonst wärest du doch wohl gar nicht hereingekommen? Oder wie ist das?
SOKRATES: Ja, das wäre schön, wenn es mit der Weisheit so stände! Man bräuchte einander nur zu berühren – und schon flösse sie aus dem, der voll davon ist, in den andern hinüber, der leer ist. Das wäre herrlich. Denn dann – ja, dann wäre ich ja glücklich daran!

Agathon wehrt energisch ab, mit scherzhaft drohender Gebärde.

SOKRATES *unbeirrt:* Doch, doch! Meine Weisheit – ach, die ist eine sehr fragwürdige Sache, nicht viel mehr als ein Schatten, ein Traum. Aber deine! Deine ist doch wirklich triumphal an den Tag gekommen, vor mehr als dreißigtausend begeisterten Zuschauern. Und dabei bist du noch so jung!

AGATHON *etwas unsicher werdend und leicht irritiert:* Du machst dich lustig über mich; das finde ich nicht schön. Aber diese Sache mit der Weisheit – wie man sie gewinnt, wenn überhaupt, darüber müssen wir noch reden, gleich, beim Wein!

Die Diener haben ganze Batterien von Bechergläsern, in drei verschiedenen Formen, herangebracht, dazu mehrere Karaffen mit rotem und weißem Wein; außerdem Schalen mit Kuchen, Nüssen, Mandeln, die je nach Wunsch auf kleinen Tellern serviert werden.

PAUSANIAS *besorgt auf diese Vorbereitungen blickend:* Du lieber Himmel! Muß das sein? Ich gestehe, mir ist noch gar nicht wieder nach Trinken zumute. Und dann womöglich noch in aller Form? Im Kreise, rechts herum? *Er macht eine abzählende, den Trinkzwang ironisierende Geste.* Wie denkt man darüber? Wir waren doch alle dabei, gestern abend – fast alle.

ARISTOPHANES: Sehr gut! Ich finde, heute sollte keiner trinken müssen. Auch ich bin gestern gründlich untergetaucht worden und vollgelaufen. Aber was sagt der Hausherr?

AGATHON: Völlig einverstanden. Ich fühle mich auch nicht sehr stark.

ERYXIMACHOS *zu einer seiner gefürchteten Belehrungen ansetzend:* Überhaupt ist ja dies Trinken, der Rausch – ich meine, vom medizinischen Standpunkt aus betrachtet...

Alle, außer Sokrates und Agathon, fallen ihm lachend und abwehrend ins Wort: Gut, gut! Halt! Wir glauben's ja! – *worauf Eryximachos, zuerst leicht pikiert, dann gleichfalls lachend, verstummt.*

AGATHON: Also gut: jeder nach seinem gusto!
Die Diener schenken je nach Wunsch ein; die Karaffen werden wieder gefüllt und auf seitlichen Tischen abgestellt. Eryximachos weist, ziemlich umständlich, den Wein zurück; es wird ihm ein Fruchtsaft serviert.

ERYXIMACHOS *nach mehrfachem Ansetzen sich resolut zu Wort meldend:* Ich hätte einen Vorschlag zu machen. Könnten wir nicht beschließen... daß wir... ich meine, daß wir statt dessen...

AGATHON: Statt zu trinken?

ERYXIMACHOS: Ja, statt dessen etwas anderes tun? Wir könnten doch... zum Beispiel diskutieren! Über ein bestimmtes Thema natürlich, worüber wir uns noch einigen müßten. Aber nicht einfach drauflosreden, sondern – ja, wie Pausanias sich ausgedrückt hat, »in aller Form«. Jeder kommt an die Reihe; meinetwegen »rechts herum«.

AGATHON: Nicht schlecht. Aber das Thema!

ERYXIMACHOS: Oh, Themen gibt es genug. Phaidros zum Beispiel...

Phaidros fährt bei der Nennung seines Namens erstaunt auf, sichtlich Schlimmes befürchtend, gespannt dem Eryximachos auf den Mund blickend.

ERYXIMACHOS *zu Phaidros gewandt:* Ich verrate doch kein Geheimnis! Phaidros brennt darauf, über ein bestimmtes Thema zu sprechen. Und darüber sprechen zu hören. Über die Liebe nämlich, über den Eros! Und wie ich ihn kenne, wird er mit Freuden den Anfang machen und als erster sprechen.

Phaidros wehrt sich mit Händen und Füßen.

SOKRATES *beschwichtigend zu Phaidros hinblickend:* Ich finde, Phaidros, der Vorschlag ist gut. Wir sollten zustimmen. Auch dem Thema. *Nachdenklich, mit doppelbödiger Selbstironie:* Was mich betrifft ... ich muß jedenfalls sagen, daß ich ja von gar nichts sonst etwas verstehe – außer von den Dingen der Liebe.
Aristophanes lacht schallend. Sokrates wendet nicht den Kopf, aber er spricht das Folgende an die Adresse des Aristophanes.
Und Aristophanes? Wovon ist denn bei ihm die Rede? Von Aphrodite! Nun ja, und von Dionysos. – Und Phaidros übernimmt die Leitung des Gesprächs. *Phaidros wehrt ab.* Doch, das ist eine ausgezeichnete Idee! Und natürlich macht er den Anfang – obwohl *zu Agathon gewandt* wir dann im Nachteil sind; wir beide kommen dann zuletzt an die Reihe. Doch läßt sich das zur Not ertragen. Es kommt darauf an, was die anderen inzwischen sagen.
Die Musik ist während der letzten Minuten ziemlich laut geworden.
ERYXIMACHOS *der schon öfters etwas irritiert zu dem vermutlichen Herkunftsort der Musik geblickt hat:* Sollte man nicht auf die Musik verzichten? Sie stört nun doch etwas. *Zu Agathon:* Aber natürlich habe ich da nichts zu bestimmen.
AGATHON: Du hast recht.
Er gibt einem Diener einen Wink, worauf dieser rasch ins Atrium geht. Die Musik wird mit einem Mal leiser und hört dann ganz auf.
ERYXIMACHOS: Danke. Man versteht leichter.
Agathon ist aufgestanden und an das Wandbord getreten, nimmt nach einigem Schwanken eine kleine Bronzefigur in die Hand, geht lächelnd auf Phaidros zu und stellt die

Figur, die den jeweiligen Sprecher bezeichnen soll, mit ermutigender, bestimmter Geste vor Phaidros auf den Tisch.

AGATHON: Also, Phaidros, bist du bereit?

Phaidros hat den Widerstand aufgegeben. Er versucht sich zu konzentrieren. Dann beginnt er mit einer Serie von heftigen Gebärden, aus denen eine mühsam beherrschte Aggressivität spricht, denen aber die formulierte Rede noch nicht sogleich zu folgen vermag. Endlich spricht er, zwar stockend, aber sogleich recht apodiktisch und wie im Zorn.

PHAIDROS: Ja, ich meine, es ist noch nie richtig gesehen worden. Bis auf den heutigen Tag nicht. Von niemandem!

Pausanias mimt ironisch gewaltigen Respekt. Aristophanes unterbricht ostentativ das Stopfen seiner Pfeife und wird im Ernst aufmerksam. Sokrates versucht freundlich-interessiert seinem Nachbarn Phaidros ins Gesicht zu sehen. Eryximachos blickt etwas besorgt zu seinem Schützling hin.

PHAIDROS *der noch nicht recht vom Fleck kommt:* Nein, noch nie! Von niemand! Dabei ist die Liebe die älteste Macht der Welt. Hat man je gehört, Eros habe Vater und Mutter? »Zuerst das Chaos, dann die Erde und dann Eros«. Aber das ist vielleicht nicht so wichtig. Entscheidend ist, was Eros für den Menschen bedeutet. Er allein – *Pause, heftige Gestik; Phaidros blickt sich nach Worten suchend um* – es ist schwer, das richtig auszudrücken – er allein, der Eros – nur er bringt einen dazu, daß man sich schämt. Ich meine, daß man sich schämt, Unrecht zu tun, etwas Gemeines, etwas Niederträchtiges, Unehrenhaftes. Feige zu sein, zum Beispiel. Man schämt sich nur, wenn man liebt. Wer nicht liebt, der tut auch nicht, was recht ist. – Und das hat noch nie einer gesehen und gesagt! –

Dem Liebenden, ihm allein, macht es sogar nichts aus, zu sterben – für den Geliebten. Alkestis beispielsweise – es ist ihr offenbar leicht geworden, für den geliebten Mann, den sie gerade erst geheiratet hatte, in den Tod zu gehen, an seiner Stelle. Dagegen dieser Schwächling, dieser Lautenspieler Orpheus! Der hatte nicht das Herz, zu sterben. Der wollte sich lebendig in den Hades stehlen. Es war ja dann auch umsonst! – Das Geliebtwerden ist nicht entscheidend. Genau das sagt auch der alte Spruch: »Göttlicher als der Geliebte ist der Liebende; in ihm wohnt Gott«. – Ja, das wollte ich sagen. – Der Mensch taugt nicht, wenn er nicht liebt. Die Liebe macht ihn dann auch glücklich. Nicht bloß im Leben, sondern auch im Tode...
Es hört sich so an, als sollte noch etwas Wichtiges kommen; aber dann setzt Phaidros, nachdem er ein bis zwei Mal zum Reden angesetzt hat, plötzlich die Figur energisch weiter, vor Pausanias.
Die Reaktion auf die Äußerung des Phaidros ist verschieden. Aristodem ist sichtlich sehr angetan; er blickt, Bestätigung suchend, zu Sokrates hin. Der aber beachtet ihn nicht, sondern nickt nachdenklich mit dem Kopf, mehr für sich selbst. Aristophanes klatscht einmal in die Hände und trinkt dem Phaidros zu. Eryximachos tut es ihm nach, etwas unsicher. Pausanias macht etwas skeptische Gebärden und beginnt nun selbst.
Er spricht mit einer gewissen unverbindlichen Lässigkeit und, im Gegensatz zu Phaidros, ohne eigentliches Engagement. Überhaupt ist seine Äußerung durch das Stigma der Unglaubwürdigkeit gekennzeichnet; bei aller Geschicklichkeit, die Dinge unter den verschiedensten Gesichtspunkten zu betrachten, ist es ihm offenbar nicht eigentlich um Klärung und Aufhellung des Gegenstandes zu tun.

PAUSANIAS *mit hoher Stimme, künstlich »leichthin« sprechend:* Ich weiß nicht, Phaidros, ob es sehr glücklich war, die Aufgabe so... ja, so undifferenziert zu halten. Man soll also einfachhin den Eros preisen. Als gäbe es nur einen Eros! Das stimmt doch aber gar nicht! Vor allem hier in Athen geht es doch sehr, sehr buntscheckig zu. Und gerade das ist das Schöne, finde ich.
Hier ist den Liebenden jede Freiheit gelassen. So jedenfalls sieht es aus, wenn man sich an das hält, was tatsächlich... nun, praktiziert wird.
Aristophanes drückt sein prinzipielles Mißtrauen und seine Abneigung gegen alles, was Pausanias auch sagen mag, recht unverhohlen aus; er blickt gelangweilt umher und spielt mit seinem Tabaksbeutel. Pausanias merkt, daß er auch sonst nicht recht »ankommt«, und beginnt nach einer Pause noch einmal neu.
Ganz allgemein ist es doch so: Wenn einer etwas tut, ganz gleich, was es ist – »an sich« ist es weder gut noch schlimm. Zum Beispiel, was wir hier treiben: Reden, Trinken, Musizieren – ja, nichts davon ist »in sich selber« gut und richtig.
Aristophanes ergreift ungeduldig sein volles Glas und trinkt es in einem Zuge aus.
Worauf es ankommt, ist, wie es getan wird. Es muß – *Zögern; dann eine Handbewegung, die »Eleganz« ausdrücken soll* – es muß mit Charme gemacht werden, mit Geschmack, graziös, elegant – na, und dann ist es auch gut und richtig! Sonst eben nicht; sonst ist es gemein, widerwärtig, ekelhaft, peinlich. Und genauso ist es auch in der Liebe. Wer da nichts weiter im Sinn hat, als an sein Ziel zu kommen – brutal, formlos, unkultiviert, tölpelhaft drauflos – *wegwerfend erledigende Geste.*

Es gibt ja auch zwei Aphroditen, eine gemeine und eine andere. Gewöhnlich heißt sie die »himmlische«.
Das Folgende wird mit der Gebärde mühsam-gewundener Argumentation vorgebracht. Aristophanes begleitet die nächsten Sätze mit einer Aufmerksamkeit, die soviel besagt wie: daß dies nun doch über die Hutschnur gehe.
Die himmlische Aphrodite aber ist bekanntlich ohne Mutter. Das weibliche Element ist hier völlig unbeteiligt. Sie hat ihren Ursprung rein im Männlichen. Den Mythos kennt ja jedermann. Frauen kommen einfach nicht vor. Und ich frage mich, ja, ob darin nicht vielleicht der Grund dafür zu suchen sein könnte, einer der Gründe, weswegen die eigentlich ideale, die überlegene Form der Liebe... eben die Knabenliebe ist.
Das letzte Wort ist kaum ausgesprochen, da schlägt Aristophanes knallend mit der Hand auf die Lehne des Sessels; zugleich bricht er in sein schallendes Lachen aus. Er kommt dann ins Husten, als habe er sich verschluckt.
Eryximachos bemüht sich um ihn. Pausanias, obwohl etwas erstaunt-beleidigt dreinblickend, beschließt, gute Miene zum bösen Spiel zu machen – zumal Aristophanes sich zwischen zwei Hustenanfällen entschuldigt.
ARISTOPHANES: Bitte, entschuldige. Ich wollte dich natürlich nicht unterbrechen.
PAUSANIAS: Oh, da ist nichts zu entschuldigen. Wieso? Nein! Nichts! Übrigens – *zu Phaidros sich leicht verneigend* – ich bin sowieso eigentlich fertig; was einem so aus dem Stegreif ... nicht wahr? *Er zieht die Schultern hoch und versucht, das Gesagte zu bagatellisieren und es zugleich der Nachsicht zu empfehlen.*
Phaidros stellt die Figur nun vor Aristophanes, an dem jetzt die Reihe ist, zu sprechen. Aristophanes aber hat zu allem Überfluß noch einen Schluckauf bekommen, den er

mit einiger Anstrengung zu unterdrücken sucht. Er beantwortet die auffordernde Geste des Phaidros mit einer Gebärde des Einverständnisses und zugleich des Bedauerns. Dann wendet er sich an Eryximachos, geräuschvoll sich räuspernd und gelegentlich durch den Schluckauf unterbrochen, mit dem er sich, wie er wohl fühlt, lächerlich zu machen beginnt.
ARISTOPHANES: Das ist nun dein Amt, Eryximachos. Du mußt mich von diesem lächerlichen Schlucken kurieren. Oder du mußt an meiner Stelle reden. Eins von beidem...
ERYXIMACHOS *leicht wichtigtuerisch:* Ich werde beides tun. *Zu Phaidros gewendet:* Der nächste Sprecher bin also ich? *Phaidros nickt Einverständnis und stellt die Figur vor Eryximachos.*
Und nun dein Schlucken. Da gibt es mehrere Methoden. Halt einmal den Atem an. Nein, das wird jetzt nicht mehr genügen. Du mußt gurgeln, mit Wasser!
Aristophanes steht auf und geht auf das Atrium zu; auf einen Wink des Agathon begleitet ihn ein Diener. Noch auf dem Weg dorthin bekommt er von Eryximachos, der ganz in seinem Element ist, ein weiteres Rezept nachgerufen.
Wenn es sehr hartnäckig ist: irgend was zum Kitzeln in die Nase einziehen! Dann: niesen! Das wirkt unfehlbar!
Eryximachos schaltet nun mit einiger Umständlichkeit um, rückt die Figur genau vor seinen Platz, blickt aber zwischendurch mehrere Male ruckartig in die Richtung des Atriums, als sei ihm erst jetzt das richtige Heilmittel eingefallen. Allmählich sammelt er sich und beginnt. Er spricht mit der lehrhaften Unbeirrbarkeit eines immerhin kenntnisreichen Sektierers, der die Universalformel gefunden hat, die für sämtliche Sparten der Realität gültig

ist und die Welt- und Lebensrätsel restlos aufklärt. Pausanias hört mit Interesse und bedingter Zustimmung zu. Phaidros drückt durch Mimik und Gestik, die gerade eben noch im Rahmen des Möglichen bleiben, aus, daß es sich nicht lohne, darüber auch nur zu diskutieren. Sokrates gibt dem Aristodem gelegentlich ironisch zu verstehen, mit welcher Bewunderung er solcher Perfektion des handhabenden Wissens gegenüberstehe. Aristophanes, der erst zum zweiten Teil der Rede wieder erscheint, zeigt deutlich, daß er sich gleichfalls gar nicht auf sie einläßt. In Agathons Reaktion ist echte Zustimmung mit der nach allen Seiten hin verbindlichen Höflichkeit des Gastgebers verknüpft.

ERYXIMACHOS: Einen doppelten Eros zu unterscheiden, wie Pausanias vorschlägt – ja, so kann man, scheint mir, die Sache anpacken, durchaus. Obwohl... Ja, ich muß vorweg etwas sagen, worüber mich die ärztliche Wissenschaft belehrt hat: daß es nämlich Eros überall gibt, nicht nur im menschlichen Bereich! Überall ist Eros! In allem, was ist: in den Tieren und ebenso in den Pflanzen, die aus der Erde wachsen. Im Lauf der Sterne, im Wechsel der Jahreszeiten, im Verhältnis zwischen Göttern und Menschen – überall wirkt der Eros. Und immer handelt es sich darum, die Kräfte des Eros in die rechte Ordnung zu bringen: in der Astronomie, in der Wissenschaft vom Ackerbau, im Dienst der Priester. Bei der Musik ist es ja für jedermann ganz klar: Zusammenklang, Harmonie, Rhythmus – das alles ist Ausdruck der Liebe. *Der nächste Satz enthält, obwohl betont beiläufig gesagt, eine Spezialität: Heraklit hat alles mißverstanden.* Heraklit hat das wohl auch gemeint – sein Wort ist ja berühmt geworden, sehr berühmt: »Das Widerstrebende fügt sich zusammen wie im gespannten Bogen« – ja, so kann man es natürlich nicht ausdrücken! Solange etwas gegeneinandersteht, kann es ja nicht zugleich zueinanderstimmen! Aber lassen wir das!

Eryximachos schöpft Atem und »kommt zum Eigentlichen«. Aristophanes ist inzwischen wieder in den Kreis zurückgekehrt; er setzt sich zunächst noch nicht, hört aber interessiert dem Eryximachos zu, der ihn im Eifer der Rede noch nicht bemerkt hat.

Natürlich wird die Wissenschaft vom Heilen, die Medizin, ganz und gar vom Gotte Eros beherrscht. Sie ist ja nichts anderes als die Wissenschaft von den Liebesregungen des menschlichen Leibes. Die können möglicherweise zunächst untereinander uneins sein – *zu Pausanias gewendet* – der doppelte Eros, jawohl! Also – wo war ich denn? Ja, diese Liebesregungen mögen das Entgegengesetzteste begehren: Kalt oder Heiß, Bitter oder Süß, Trocken oder Feucht – und so fort. Genau dies nun muß der Meister der Heilkunde ins Auge fassen! Er muß es zuwege bringen, daß die einander feindlichen Kräfte in Liebe sich befreunden; daß sie einander lieben.

Hier bemerkt er den Aristophanes. Ach, Aristophanes du bist zurück! Ja, so ungefähr sehe ich die Sache. Natürlich, es fehlt noch viel. Aber du wirst wohl von etwas ganz anderem reden, hm? Du bist ja kuriert, und es steht nichts mehr im Wege? Stimmt's? *Er schiebt die Figur wieder an den Platz des Aristophanes zurück, der sich lachend niedersetzt.*

ARISTOPHANES: Ja, ich bin kuriert. Aber es hat mich doch mächtig gewundert, wie »der rechte Eros im Leibe«, wie du das eben ausgedrückt hast, solch ein Getöse »lieben« kann! Dies Gurgeln zuerst, und dann, als es noch nicht half, diesen, diesen ... Radau! Anderseits, das ist wahr, ich »liebe« es eigentlich, zu niesen, ab und zu.

ERYXIMACHOS: Sieh dich vor! Das ist gefährlich! Dich über mich lustig zu machen ausgerechnet in diesem Moment, da du beginnen willst: Du hättest doch in Frieden reden können. Aber nun zwingst du mich ja geradezu, kritisch zu sein, sehr kritisch, und den Aufpasser zu machen – ob du nicht vielleicht etwas Komisches sagst.
ARISTOPHANES *fällt ihm ins Wort:* Oh, komisch darf es schon sein! Das gehört ja zu meinem Metier. Wenn's nur nicht lächerlich ist!
Aristophanes trinkt einen mächtigen Schluck Wein. Dann lehnt er sich in seinem Sessel zurück, wird vom einen Augenblick zum anderen sehr nachdenklich und beginnt. Der Ton der Rede wechselt manchmal unvermittelt; religiöser Ernst, der sich jedoch nie pathetisch äußert, schlägt blitzschnell um in die komödiantische Burleske – was aber den Ernst dennoch nicht relativiert, sondern vertieft. Die Zuhörer, die etwas bloß Witziges erwartet haben mögen, reagieren unsicher. Phaidros fühlt sich bestätigt und stimmt zu. Sokrates zeigt wohlwollende Nachdenklichkeit. Aristodem ist besonders von den burlesken Zwischenspielen jungenhaft angetan. Pausanias und Eryximachos sind etwas befremdet; sie fühlen sich mißverstanden und zugleich überlegen in Frage gestellt. Agathon zeigt unverbindlichen Respekt.
ARISTOPHANES *zunächst zu Eryximachos gewendet:* Ja, das ist wahr, Eryximachos, ich habe allerdings die Absicht, etwas ganz anderes zu sagen als du. Und auch etwas ganz anderes als du, Pausanias. Ich bin mit Phaidros einer Meinung. *Blick des Einverständnisses zu Phaidros hin.* Die Menschen haben die Macht des Eros noch gar nicht begriffen. Dazu muß man nämlich zunächst einmal wissen, wie es mit der menschlichen Natur bestellt ist; man muß vor allem bedenken, was ihr widerfahren ist. Unsere

Natur war ja vor Zeiten nicht die gleiche wie jetzt; sie war ganz anders. Ehedem, am Anfang, war die menschliche Gestalt rund, wie eine Kugel; sie war vollkommen. Wie die Himmelskörper, die Sonne und der Mond.
Der folgende Satz ist mehr beiläufig zu Aristodem hin gesprochen, der auch sogleich losplatzt.
Wenn es einer eilig hatte, schlug er das Rad, das konnte er ja, ganz mühelos, und so kam er sehr rasch vom Fleck; gestützt wohlgemerkt auf vier Arme und vier Beine. *Aristophanes leert in gewaltigen Schlucken sein Glas, das sogleich wieder gefüllt wird. Nun wieder völlig ernst werdend:* Der Mensch war aber nicht nur an äußerer Leibesgestalt vollkommen. Er hatte auch den Kopf voll von großen Gedanken. Homer hat es beschrieben: er versuchte sich einen Weg in den Himmel zu bahnen, um wider die Götter zu streiten. Die aber hielten nun Rat, wie sie die Menschen strafen könnten. Und Zeus sagte: Ich nehme ihnen das Übermaß an Kraft, ich werde sie in zwei Hälften schneiden. *Mit drastischer Gestik zu Aristodem hin sprechend:* Genau so geschah es: mit einem einzigen Schnitt wurden die Menschen halbiert – nicht anders, wie wenn man Birnen zerteilt, um sie einzumachen; oder ein Ei, mit dem Pferdehaar.
Nach einer Pause, sehr ernst vor sich hinsprechend: Ja. Jeder von uns ist unvollständig; wir sind alle nur ein Stück von einem Menschen. Und jeder ist voller Verlangen, die ursprünglich runde Vollkommenheit wiederzufinden. – Von so weit her versteht sich – die Liebe! Es ist ja nicht der Genuß, um dessentwillen die Liebenden sich so leidenschaftlich danach sehnen, beieinander zu sein. Es ist etwas ganz anderes. Die Seele freilich weiß es nicht zu benennen; sie ahnt es nur und spricht sich selber in Rätseln davon. Würde Hephaistos, der himmlische Schmied,

vor sie hintreten, wie sie da beieinanderliegen, und sie fragen, sein Werkzeug in der Hand, was sie denn eigentlich voneinander wollten: sie wüßten ihm nicht zu antworten. Es ist, daß wir heil und rund gewesen, jetzt aber, wegen des Unrechts, unvollständig sind und zerteilt. Was wollen wir im Grunde? Wir wollen heil sein und ganz! Wie vor Zeiten. Wie im Anbeginn. Und die Jagd danach – genau das ist die Liebe, nichts anderes. Eben das ist Eros; nichts sonst!

Aristophanes hat zuletzt mit der flachen Hand auf den Tisch geschlagen. Das Folgende wird, zunächst zu Aristodem hin, dann mit bestätigender und bekräftigender Gestik, zu Phaidros gesagt.

Was also folgt aus alledem? Wir müssen die Götter verehren! – Sonst werden wir vielleicht noch einmal zerteilt und müssen dann auf einem Bein daherhüpfen, wie beim Bauernspiel die Tänzer auf dem Weinschlauch.

Vor allem aber verdient Eros auf alle Weise gerühmt und besungen zu werden – weil er uns solche Hoffnung gewährt: Heilung unseres Wesens und Glückseligkeit!

Nachdem er seinen Becher geleert hat, gibt Aristophanes, reihum blickend, die Figur zu Agathon weiter.

Ach, nur noch zwei, Agathon und Sokrates? *Dann zu Eryximachos:* Nun, wie ist es mit deiner Kritik? Was meinst du? War es wirklich komisch, was ich gesagt habe? Oder lächerlich?

Eryximachos ist etwas unsicher geworden und sichtlich bemüht, einer sachlichen Erörterung auszuweichen.

ERYXIMACHOS: O nein! Durchaus nicht! Immerhin, daß es Agathon und Sokrates an Redestoff fehlen wird – das glaube ich nicht, trotz allem, was du beigetragen hast. Sie sind ja auch beide sehr erfahrene Leute. So bin ich also guten Mutes.

SOKRATES *zu Eryximachos*: Ja, du hast gut reden! Du hast das Deine hinter dich gebracht! Wärest du an meinem Platz, wärest du da, wo ich gleich sein werde, wenn auch noch Agathon gesprochen hat – du wärest sehr in Sorge, genau wie ich!
Agathon wendet sich zu Sokrates, ein bißchen in der Haltung des erfolggewohnten »Stars«.
AGATHON: Sag nur nicht, daß man wunders was von mir erwarte, Sokrates. Du machst mich befangen, du willst mich verhexen!
SOKRATES: Oh, da müßte ich aber ein schlechtes Gedächtnis haben – nachdem ich doch eben erst erlebt habe, wie sicher du mit den Schauspielern auf die Bühne kamst. Du warst nicht im mindesten befangen, als du den Tausenden ins Auge sahst.
AGATHON: »Den Tausenden«! Meinst du wirklich, ich hätte den Kopf so voll vom Theater, daß ich nicht wüßte: tausend Banausen sind weniger zu fürchten als eine Handvoll gescheiter Leute?
SOKRATES: Nein, das meine ich natürlich nicht. Das wäre wenig nett von mir. Übrigens, wir wenigen hier waren ja gleichfalls unter den Tausenden...
Agathon schüttelt heftig den Kopf und will etwas richtigstellen. Aber Sokrates hebt energisch die Hand und läßt ihn nicht zu Wort kommen.
Schon gut. Ich weiß: Vor den wenigen Gescheiten, vor den Weisen, wer auch immer das sei, würdest du dich schämen, etwas Unschönes zu tun.
AGATHON *fällt ihm ins Wort:* Genau das wollte ich sagen.
SOKRATES *listig die Schlinge zuziehend:* Ja – und vor den Vielen, vor den »Tausenden«, würdest du dich nicht schämen?
Agathon ist unsicher geworden; er steht erregt auf und versucht, sich näher zu erklären. Phaidros ergreift die

Figur und setzt sie energisch noch einmal vor Agathon auf den Tisch.

PHAIDROS: Agathon, wenn du jetzt antwortest, dann wird es Sokrates nicht das geringste mehr ausmachen, was aus uns hier wird – wenn er nur einen gefunden hat, mit dem er disputieren kann. Aber ich habe nun zuerst die Preisreden auf den Eros einzufordern. Und das tue ich! Nachher könnt ihr streiten.

Agathon setzt sich, sichtlich erleichtert, nimmt seinerseits die Figur in die Hand, als genieße er die sinnlich tastbare Gestalt; dann stellt er sie lächelnd wieder auf den Tisch, indem er sie sich zuwendet.

AGATHON: Ausgezeichnet, Phaidros! Natürlich hindert mich nichts, zu beginnen. Mit Sokrates kann ich mich später noch oft genug unterhalten. Also gut.

Die nun folgende Eros-Rede ist nicht ohne narzißhaften Beiklang. Agathon preist, was er selber sein möchte oder auch zu sein glaubt. Außerdem spricht er klar mit »literarischem« Anspruch; es kommt ihm durchaus auf das Formale an: die Rede will als »poiema«, als »Wortkunstwerk« genommen sein – wobei der Redner allerdings nur zu gut weiß, daß man mit solchen Qualitäten nicht paradiert. – Die Zuhörer sind sichtlich geneigt, dem Gastgeber und Preisträger einen beträchtlichen Kredit zu geben. Vor allem Pausanias zeigt sich von Anfang an kritiklos begeistert. Aristophanes allerdings hält nicht zurück mit diskreter Ironisierung, mimisch wie gestisch. Sokrates hört sehr aufmerksam zu, trägt aber Undurchdringlichkeit zur Schau.

AGATHON: Eine Preisrede, denke ich – jede Preisrede muß davon ihren Ausgang nehmen, daß man von dem zu Preisenden selber spricht, nicht aber von dem, was er tut und wie er wirkt. Darin haben alle bisherigen Sprecher einen

Fehler gemacht: sie haben weniger vom Eros gehandelt als von den Menschen und von den Gaben, die sie ihm verdanken. Ich also werde von ihm selber reden, vom Gotte Eros. – Und zum ersten nenne ich ihn glückselig. Obwohl natürlich alle Götter glückselig heißen – er ist dennoch der glücklichste unter ihnen. Warum? Weil er der schönste ist – und dies wiederum, weil er der jüngste ist. Phaidros, ich stimme dir in vielem zu, aber hierin nicht. Eros ist nicht der älteste! Er haßt ja das Alter aus tiefstem Herzen. Er flieht die Alten und hält sich an die Jungen. Diese uralten Gewalttaten in den Göttergeschichten: Entmannung, In-Ketten-Schmieden und all das Furchtbare sonst – es hätte sich nicht ereignet, wenn Eros schon gewesen wäre! Ihm sind Roheit und Härte fremd wie alles, ja, wie soll ich sagen, wie alles »Un-Zarte«. Es beleidigt seine verletzliche Sensibilität. Widerstand zu leisten, ist nicht seine Sache: er schmiegt sich an, er ist wie das fließende Wasser. Er hat die leise Zartheit einer Blüte. Und wo immer es blüht und duftet, da siedelt er sich an, der Schönste.

PAUSANIAS *klatscht Beifall:* Großartig!

Die anderen geben ihm ungeduldig durch Zeichen zu verstehen, er solle Agathon nicht unterbrechen. Phaidros macht Anstalten, die Figur zu greifen und sie demonstrativ wieder vor Agathon niederzustellen.

AGATHON: Eros ist aber nicht nur schön, er ist auch gut! – Was heißt denn Gerechtigkeit? Daß einer bekommt, was sein ist. Nun, dem Eros dient jeder freien Willens – und also geschieht niemandem Unrecht. Was sind Selbstzucht und Maß? Daß man Lust und Begehren beherrscht. Eros aber ist stärker als sie alle, er beherrscht sie ausnahmslos. Und Tapferkeit? Wer hat gesiegt im Streit zwischen Ares und Eros? Nicht der Kriegsgott, sondern Eros! – Was schließlich die Weisheit betrifft – Eryximachos, du hast von deiner Disziplin gesprochen, von der Heilkunst; ich muß jetzt von der meinen reden, von der Poesie. Macht nicht Eros jedermann zum Dichter? Aber es ist das gleiche in aller musischen Kunst. Glanz gibt es nur durch Eros; und wen er nicht anrührt, der leuchtet nicht, der bleibt im Dunkel.

Was also sind des Eros Gaben? Ich will es auf meine Weise zu sagen versuchen, in Versen:

Unter den Menschen Friede,
heiter spiegelnde See,
zaubrisch sturmlose Ruhe,
tiefer, leidferner Schlaf.
Unvertrautheit schwindet,
Zugehöriges zeigt sich.
Wildheit wird abgetan,
Milde ist gewährt!
Eros, den Guten hold,
von den Weisen geschaut,
geliebt von den Göttern –
so singt er den Hymnos,
bezaubernd der Götter und Menschen Herz;
und alle Wesen stimmen ein,
mit jauchzendem Ruf.

Alle klatschen Beifall, untermischt mit begeisterten Ausrufen: Wunderbar! Meisterhaft! Herrlich! *Agathon läßt das über sich ergehen, ohne allzu deutlich zu zeigen, wie sehr ihn der Erfolg freut. Dann schließt er mit einer eleganten lässigen Verneigung zu Phaidros hin, die wie ein gestisches Zitat aus einem höfischen Spiel wirken mag:*
Das also, Phaidros, ist meine Rede – ein bißchen spielerisch vielleicht, aber doch, so hoffe ich, nicht ohne Ernst.
Noch einmal wird allgemein Beifall laut, durch den aber

dann die Stimme des Sokrates sich hören läßt, der sich an Eryximachos wendet.
SOKRATES: Nun, Verehrtester, was meinst du? Habe ich nicht allen Grund, mich zu ängstigen? Hat meine Weissagung sich nicht erfüllt? Ich bin ratlos, ganz und gar!
ERYXIMACHOS: Die Weissagung, daß Agathon großartig reden werde – ja! Aber du ratlos? Das glaube ein anderer.
SOKRATES: Ach, du selig Ahnungsloser! Nach solch einer Rede soll ich noch den Mund auftun? Nein, unmöglich. Dieser unerhörte Schluß vor allem! Nicht im entferntesten könnte ich etwas so Schönes zustande bringen. Und am liebsten wäre ich vor Scham davongelaufen, hätte ich nur gewußt, wohin.
Nach einer Pause, in anderem, ernsterem Ton, an alle sich wendend: Überhaupt, dies ist mir völlig klar geworden: Ich hätte mich hier gar nicht einreihen dürfen; nie hätte ich mich darauf einlassen sollen, in diesem Kreise mitzureden. Ich mache mich nur lächerlich. Und dabei habe ich auch noch gesagt, ich verstünde etwas von den Dingen des Eros! Mag sein! Aber wie man etwas preist – davon habe ich jedenfalls keine Ahnung. Wie einfältig, zu glauben, man müsse über das, was man preisen will, ganz gleich, was es sei, die Wahrheit sagen! Darauf aber, so scheint mir jetzt – darauf kommt es gar nicht an. Man sucht sich Schönes zusammen, soviel man nur greifen kann, und häuft es auf den, der gepriesen werden soll; wenn es einmal nicht zutrifft, dann ist es auch nicht weiter schlimm. So aber kann ich den Eros nicht preisen. Und ich will es auch nicht. Was also nun, Phaidros? Kannst du eine Rede auf den Eros brauchen, die zu sagen versucht, was wahr ist?
Die Zuhörer sind offenbar etwas befremdet; es wird auch einige Unruhe spürbar. Pausanias ist sichtlich empört und

klatscht lautlos noch einmal, ostentativ bekräftigend, dem Agathon zu, dessen Empfindlichkeit gegen Kritik er kennt.
Phaidros, indem er die Figur vor Sokrates stellt, mit unbeirrter Festigkeit:
PHAIDROS: Rede du, Sokrates, genauso, wie du reden zu müssen glaubst!
SOKRATES *schiebt die Figur ein wenig beiseite:* Gut, Phaidros, danke. Aber vorher, bevor ich beginne, mußt du mir noch erlauben, an Agathon ein paar kleine Fragen zu stellen; es handelt sich um reine Winzigkeiten.
Phaidros stimmt, nun gleichfalls theatralisch übertreibend, mit großmächtiger Geste zu.
Also, Agathon, das fand ich sehr gut, was du zu Anfang gesagt hast: zuerst muß man von Eros selber reden. Ebenhierauf geht auch meine Frage. – Eros, Liebe also, ist doch, notwendig und also immer, auf etwas gerichtet und bezogen – auf etwas oder auf jemand. Wie wenn ich sage: »Bruder« oder »Vater« – immer ist man jemandes Bruder und eines Sohnes oder einer Tochter Vater, nicht wahr?
Agathon nickt freundlich-neugierig, sich wundernd, worauf das hinaus will.
SOKRATES: Gut. Ist es nun nicht das gleiche mit der Liebe? Ist sie nicht notwendig Liebe von etwas – ich meine: zu etwas?
AGATHON *verwundert:* Natürlich, was sonst?
SOKRATES *beharrend und undurchdringlich:* Gut! Halte das, bitte, fest in deinem Gedächtnis. Und dann noch dies: Verlangt nicht die Liebe nach dem, was sie liebt?
AGATHON *noch immer ahnungslos:* Ja!
SOKRATES *verengt listig den Augenschlitz, blickt jedoch nicht Agathon, sondern Aristophanes und Phaidros an:* Verlangt denn die Liebe nach dem, was sie schon besitzt? Oder besitzt sie es noch nicht?

AGATHON *zögernd:* Es sieht so aus, als besitze sie es noch nicht!

SOKRATES: Bitte genauer, verehrter Agathon! Sieht es nur so aus – oder ist es so? Muß es nicht so sein? Wer nach etwas verlangt, der bedarf dessen, wonach er verlangt; er hat es gerade nicht! Und wessen einer nicht bedarf, danach verlangt er auch nicht. Ich jedenfalls finde, es kann gar nicht anders sein. Findest du nicht auch?

AGATHON: Doch!

SOKRATES: Gut. Es kann natürlich auch einer, der bereits, sagen wir, die Gesundheit besitzt, nach Gesundheit verlangen; aber das heißt dann, daß er sie auch in Zukunft besitzen möchte. – Soll ich also die Summe ziehen aus dem, was wir bis jetzt erörtert haben? Liebe ist Liebe zu etwas, und zwar zu etwas, das man nicht schon besitzt. *Er sieht sich im Kreise um.*

AGATHON *nach einigem Stutzen und Zögern:* Ja.

SOKRATES: Nun aber erinnere dich an das, was du vom Eros gesagt hast. Auf was richtet er sich?
Agathon schweigt, leicht verstockt.
Sagtest du nicht: auf Schönheit?

AGATHON: Ja, das habe ich gesagt.

SOKRATES: Und zwar sehr mit Recht. Aber wir haben uns doch darüber verständigt, daß Liebe nach etwas verlangt, was sie nicht schon hat?
Agathon zuckt die Achseln, stimmt dann aber notgedrungen zu.
Dann bedarf also Eros der Schönheit; aber er besitzt sie nicht, gerade das nicht!
Agathon gibt jetzt im Grunde auf; er möchte aber die Situation und sich selbst ins Unverbindlich-Gesellige retten und antwortet, etwas gezwungen lachend:

AGATHON: Möglich, daß ich nichts verstehe von dem, wor-

über ich vorhin geredet habe. Vielleicht ist es so, wie du sagst. Mir fällt nichts mehr ein.
Nun mit einer Geste, die besagt, das Thema sei wohl erschöpft, heiter die Waffen streckend: Ich bin nicht Manns genug, dir zu widersprechen! Das ist alles.

SOKRATES: Oh, der Wahrheit kannst du nicht widersprechen! Dem Sokrates zu widersprechen, ist doch nicht schwer. Aber gut, ich lasse dich jetzt aus der Zange.

Während der ersten Sätze der nun folgenden Rede nimmt Sokrates die Figur von einer Hand in die andere und stellt sie, anscheinend spielerisch zunächst, auf dem Tisch abwechselnd auf zwei verschiedene Plätze, von denen der eine den eigenen, der andere den Standort der Diotima bezeichnen soll. Sokrates spricht in dreifacher Rolle: als Berichterstatter, als Gesprächspartner der Diotima und als Diotima selbst. Im ersten Fall nimmt er meistens die Figur vom Tisch und hält sie in der Hand, während er in der direkten Wiedergabe des Gesprächs durch die wechselnde Plazierung auf dem Tische andeutet, wer von beiden gerade spricht. Doch nimmt er es mit alledem nicht sehr genau. Nach einer gutlaunig respektvollen Verneigung gegen Phaidros setzt er zögernd neu an:
Nun also werde ich versuchen...

Aristodem unterbricht ihn, nachdem er mit begeisterter Spannung, aber auch ungeduldig dem Gespräch mit Agathon zugehört hat, und blickt nun triumphierend um sich.

ARISTODEM: Endlich spricht Sokrates selbst!

SOKRATES: Ich muß dich enttäuschen, mein Lieber, fürchte ich. Nein, genaugenommen wird es nicht »meine« Rede sein!

ARISTODEM: Sondern?

SOKRATES: Sondern ich werde wiederholen, was ich selbst einmal von jemand anders gesagt bekommen habe; ich will das jedenfalls, soweit mein Gedächtnis reicht, versuchen. Dieser andere ist eine Frau, Diotima, eine Priesterin aus Mantinea, aus der Stadt der Seher. Sie hat mich über diesen Gegenstand einmal belehrt, vor langer Zeit. Sie war wirklich weise in diesen Dingen; und noch in vielen anderen. Zu Diotima nämlich hatte ich, verehrter Agathon, ungefähr das gleiche gesagt, was auch du in deiner Rede behauptest: Eros, ein großer Gott, der Inbegriff der Schönheit – und so weiter. Aber Diotima hat mich dann widerlegt, und zwar mit den Argumenten, die du inzwischen kennst. Auch ich sagte damals: »Aber darin ist doch alle Welt einer Meinung, daß Eros eine große Gottheit ist?« – »Alle Welt?«, sagte sie, »meinst du alle Unwissenden oder auch die Wissenden?« – »Ich meine einfach: alle!« – »Und was ist mit denen, die ihn noch nicht einmal überhaupt für einen Gott halten?« – »Wer sollte das sein?« – »Zum Beispiel: du! Und ich!« – Natürlich verstand ich kein Wort. Sie aber lachte mich aus. – »Du hältst doch die Götter, alle ohne Ausnahme, für glückselig und schön und gut – oder nicht?« – »Natürlich!« – »Eros aber – gibst du nicht zu, daß er nach Glück und Schönheit erst verlangt, daß er sie also nicht schon besitzt?« – »Das gebe ich zu.« »Ja, siehst du denn nicht, daß also du selber ihn gar nicht für einen Gott hältst?« – »Aber was ist er denn?« – »Er ist ein großer Daimon, Sokrates, in der Mitte siedelnd zwischen den Sterblichen und den Unsterblichen. Er ist einer von denen, die das Gespräch in Gang halten zwischen Göttern und Menschen.« Und sie fügte noch hinzu: »Wer sich hierauf versteht, der ist ein daimonischer Mann; gemessen an ihm ist alles Wissen und alle Verständigkeit sonst nur banausisch. – Was du aber im besonderen über die Schönheit sagtest, Sokrates, daß Eros schön sei und sogar der Inbegriff der

Schönheit – das überrascht mich nicht allzusehr. Du dachtest nämlich, Eros sei das Geliebte, während er doch das Liebende ist! Das Geliebte – ja, das ist schön und vollkommen und glückselig. Aber das Liebende und die Liebenden – die sehen ganz anders aus!« – »Wenn es aber«, sagte ich, »wenn es so steht mit Eros, zu was ist er dann gut für den Menschen?« – Hierauf antwortete Diotima mir mit großer Geduld und von weit her beginnend: »Eros liebt, so haben wir doch gesagt, das Schöne und das Gute«.

Hier stockt Sokrates und blickt den Aristophanes an, der gerade seine Pfeife stopft, nun aber innehält und fragend und kampfbereit die Schultern hochzieht.

Übrigens, Aristophanes, auch dies ist mir durch Diotima klargeworden: wir suchen, wenn wir wahrhaft lieben, nicht die zugehörige Hälfte. Noch auch die verlorene Ganzheit – es sei denn...

ARISTOPHANES *fällt ihm heftig erregt ins Wort, wobei er die Pfeife und alles übrige energisch aus der Hand legt:* Das Ganze ist das Vollkommene, und das Vollkommene ist...

SOKRATES *beendet unbeirrbar den begonnenen Satz:* ...es sei denn, das Ganze wäre selber das Gute! Das allein nämlich lieben wir wirklich. Um seinetwillen verzichten wir sogar, wenn es sein muß, auf die Ganzheit.

ARISTOPHANES: Phaidros, hier muß ich etwas...

PHAIDROS *ihn sogleich mit freundlicher Entschiedenheit unterbrechend:* Zuerst soll Sokrates zu Ende reden. Er hat das Wort!

SOKRATES *stellt die Figur erneut nachdrücklich auf den fiktiven Platz der Diotima und fährt, in betont ruhiger Redeweise, fort:* »Also, wenn Eros« – so sagte Diotima –, »wenn Eros das Schöne und Gute liebt – um was eigentlich ist es ihm dabei zu tun?« – »Daß er es bekommt«, sagte ich,

»das Schöne und das Gute!« – »Und was geschieht dem, der es bekommt?« – »Es geschieht ihm, daß er glücklich ist.« – »So ist es. Glücklich sind die Glücklichen dadurch, daß sie haben, was ›gut‹ für sie ist. Nun braucht man auch nicht weiter zu fragen. Warum willst du glücklich sein? – so fragt man nicht. – Aber: Glück ist nicht Glück, wenn es nicht dauert. Und so kann es nicht anders sein: Liebe ist auf unendliche Fortdauer aus, sie will Unsterblichkeit, sie will Ewigkeit. Sie zielt nicht nur auf Schönheit, sondern auf Zeugung. Im Schönen. Nicht nur auf die Blüte, sondern auf die bleibende Frucht.«

Sokrates, der das letzte mehr für sich gesagt hat, blickt eine Zeitlang nachdenklich nickend den jungen Aristodem an, der ihm voller Begeisterung zugehört hat. Es gibt eine kurze Unterbrechung durch das Nachfüllen der Becher. Eryximachos läßt sich noch eine Weintraube bringen und beginnt, sie andächtig zu genießen. Dann setzt Sokrates noch einmal an.

Dies und noch vieles andere sagte Diotima damals. Natürlich habe ich nicht alles begriffen. Und manches habe ich wohl auch vergessen. Das Erstaunlichste hatte sie noch aufgespart; daran erinnere ich mich genau. Es war wie eine Einweihung in die Mysterien. Sie selber nannte es so. Und sie hatte einige Zweifel, ob ich wohl reif sein würde für »die letzte Schau«, wie sie sich ausdrückte. »Versuche immerhin, mir zu folgen, soweit du es vermagst.« – Was sie nun sagte von der Stufenfolge der Gestalten des Eros, und daß auch die unterste Stufe, die sinnliche Erschütterung durch leibliche Schönheit, wirklich ein Schritt sein könne auf dem Wege, eine Sprosse in der Leiter des Aufstiegs – dies alles war für mich ganz und gar neu und unerhört. Und ich wußte nicht einmal mehr eine Frage anzubringen.

Die Stufen freilich, so sagte Diotima, müßten nicht nur betreten, sondern auch wieder verlassen werden, sonst komme kein Aufstieg zustande. Von der letzten, höchsten Stufe aber, die genaugenommen nicht mehr Stufe heißen kann [sie ist der Gipfel, zu dem die Stufen hinanführen] – von dieser äußersten Gestalt des Eros sagte Diotima etwa folgendes: »Wer in den Dingen der Liebe wahrhaft ans Ziel dringt, der wird eines Augenblicks, unversehens, etwas Wunderbares erblicken: das durch sich selbst Schöne, das ewig ›ist‹, das weder wird noch vergeht, weder wächst noch abnimmt; nicht: hier schön, hier nicht schön; nicht: jetzt ja, jetzt nein; nicht: für die einen schön, für die anderen nicht schön. Es ist auch nicht so wie ein Antlitz schön ist oder eine Hand oder Goldschmuck oder ein Kleid oder sonst etwas Greifbares. Es ist überhaupt nicht ›an‹ etwas anderem, sei dies andere ein lebendiges Wesen oder die Erde oder der Himmel. Es west und besteht in sich selbst, ewig und unwandelbar. Und nun, wenn überhaupt irgendwann – so sagte Diotima – nun erst ist dem Menschen das Leben in Wahrheit lebenswert, da er das Göttlich-Schöne schaut. Nun auch widerfährt es ihm, selber ein Gottgeliebter zu sein und dem Tode entrückt.«
Aristodem klatscht als erster begeistert in die Hände. Auch die anderen spenden freundlichen Beifall. Sokrates macht ihm rasch ein Ende, indem er abwinkend sagt:
Dies also, Phaidros und ihr anderen, sagte Diotima. Und was mich betrifft, ich habe ihr geglaubt. Nichts in der Welt vermag der menschlichen Natur, damit sie zu jenem Ziel gelange, hilfreicher zu sein als Eros. Darum soll jeder ihn ehren, wie auch ich selber es tue. *Zu Phaidros gewendet:* Kannst du das als eine Preisrede durchgehen lassen? Sonst gib ihr einen anderen Namen – wie immer es dir gefällt.

Phaidros wehrt heftig ab und bringt durch Gebärden zum Ausdruck, wie sehr er einverstanden sei. Während der letzten Sätze schon ist mehrfach laut an die Haustür geklopft worden. Agathon winkt einen Diener heran.

AGATHON: Sieh nach, wer es ist. Aber laß ihn nur ein, wenn es ein guter Bekannter ist! Klar?

Der Diener geht durch das Atrium ab, von wo sich bald danach die Stimme des leicht angetrunkenen Alkibiades hören läßt, der laut nach Agathon fragt. – Aristophanes versucht noch einmal, sein Argument vorzubringen, wird aber dann sogleich durch Alkibiades unterbrochen.

ARISTOPHANES *zu Sokrates, sehr rasch und ungeduldig:* Die Liebe sucht nicht das Ganze, sagst du? Ich glaube, Sokrates, es kommt einfach darauf an, wie man definiert. Das Ganze, das Zugehörige, das, was einem gut ist...

Plötzlich wendet sich die allgemeine Aufmerksamkeit ab; sie wird sozusagen weggesaugt durch Alkibiades, der vom Atrium her eintritt. Im gleichen Augenblick setzt auch die Musik neu ein; sie wird bis zum Schluß nicht mehr verstummen. Alkibiades bleibt zunächst im Eingang stehen. Agathon ist aufgestanden und blickt lachend und erwartungsvoll zu ihm hin. Alkibiades hat zwei riesige Chrysanthemenblüten im Knopfloch seines Rockaufschlages stecken, die er nun mit einiger Mühe und Umständlichkeit herauszuziehen versucht, was ihn so völlig in Anspruch nimmt, daß er kaum aufzublicken vermag.

ALKIBIADES: Wo ist Agathon? Ich suche Agathon! Ich muß ihn schmücken. Ich muß den Sieger beglückwünschen.

AGATHON *geht ihm entgegen:* Hier bin ich, Alkibiades. Komm her, du bist uns sehr willkommen!

ALKIBIADES *noch immer an den Blüten herumnestelnd:* Wirklich? Nehmt ihr einen Betrunkenen noch als Mitzecher in eure Runde auf? Gestern, weißt du, konnte ich unmöglich kommen; es war einfach nicht zu machen. So. Laß dir diese Blumen anstecken, du Glücksmensch! *Agathon hat ihn inzwischen lachend zu der Bank geführt, auf der er selber mit Sokrates saß. Sokrates rückt etwas zur Seite.*

AGATHON: Komm, setz dich. Zu meiner Rechten! Hier ist Platz genug für drei.

ALKIBIADES *der noch im Niedersitzen damit beschäftigt ist, Agathon die Blumen anzustecken, und daher weder Sokrates noch sonst jemanden wirklich wahrgenommen hat:* Für drei, sagst du? Ja, wer ist denn der Dritte? *Er wendet sich zu Sokrates und erkennt ihn. Sogleich springt er wieder auf, wobei er sich in theatralisch übertreibender Gebärde an den Kopf greift, die Augen bedeckt – und so fort.* Zum Teufel, was ist denn das?! Du, Sokrates? Hast du dich wieder einmal auf die Lauer gelegt? Immer bist du plötzlich da, wo ich dich am wenigsten vermute.

SOKRATES *der den Eingeschüchterten spielt, zu Agathon:* Wenn er gewalttätig wird, mußt du mir helfen! Ich habe Angst vor diesem Rasenden. Oder, noch besser, versuche, ihn mit mir zu versöhnen.

ALKIBIADES: Nein, kein Wort von Versöhnung! Wir rechnen noch ab miteinander. Allerdings nicht jetzt. Jetzt, Agathon, gib mir eine von den Blüten zurück. *Er nimmt sie ihm selbst wieder ab und heftet sie dem Sokrates an.* Ich muß auch diesen wunderbaren Mann schmücken – weil er immer der Sieger ist. Über alle!

Dann setzt er sich, ein wenig erschöpft, zwischen Sokrates und Agathon nieder und schaut sich zum erstenmal im Kreise um. Er breitet grüßend die Arme aus.

ALKIBIADES: Seid gegrüßt, alle miteinander. Aber ihr trinkt ja nicht; ihr seid ja völlig nüchtern! Das gehört sich nicht; das ist gegen allen Brauch. Also, ich ernenne euch, bis ihr

genug getrunken habt, einen Symposiarchen: mich selber!
Er nimmt das kleine Becherglas, das man vor ihn hingestellt hat, in die Hand und betrachtet es verächtlich.
Agathon, hast du nicht ein großes Trinkgefäß? Nein, füllt mir mal die Schale da; daraus wird dann reihum getrunken!
Er zeigt auf ein vasenähnliches Gefäß auf einem Wandbord. Ein Diener geht zögernd und lächelnd hin, es zu holen.
Eryximachos, ein Zweiglein der Weintraube in der Hand, hat schon von Anfang an mit Mißvergnügen auf das Gebaren des Alkibiades reagiert; nun fällt er ihm ins Wort:
ERYXIMACHOS: Halt, halt, halt! Alkibiades, wollen wir das wirklich tun? Einfach Wein in uns hineinschütten?
ALKIBIADES *mit ironischem Enthusiasmus:* Ach, Eryximachos, du Sohn des nüchternsten Vaters, den es je gegeben hat, sei mir gegrüßt!
ERYXIMACHOS *etwas frostig, aber nicht unfreundlich die Hand erhebend:* Sei auch du gegrüßt. Aber nun sag, wie wollen wir es machen?
ALKIBIADES *sofort das Vorige vergessend:* Was schlägst du vor? Befiehl du, was getan werden soll! Ein Mann der Heilkunst wiegt viele andere auf.
ERYXIMACHOS: Hör zu. Wir haben, lang bevor du kamst, beschlossen, es solle jeder von uns, der Reihe nach, eine Rede halten, eine Preisrede auf den Eros. Das haben wir auch getan. Jeder hat gesprochen. Jetzt wäre die Reihe an dir!
ALKIBIADES: Schön und gut. Aber ein Betrunkener im Wettstreit mit Nicht-Betrunkenen? Das wäre nicht fair. Außerdem, ich würde es niemals wagen, in Anwesenheit von Sokrates irgend jemand zu loben, nicht einmal einen Gott! Er würde mich ja umbringen!

SOKRATES *ruhig-freundlich ihm zuredend:* Rede nicht so lästerlich daher!

ERYXIMACHOS: Nun gut, wenn du Lust hast, so halte eine Preisrede auf Sokrates!

ALKIBIADES *dem dieser Vorschlag plötzlich gefällt:* Ist das dein Ernst? Ich werde also vor euch allen mit ihm abrechnen!?

SOKRATES: Was hast du vor? Willst du dich über mich lustig machen?

ALKIBIADES: Ich will die Wahrheit sagen! Oder erlaubst du das nicht?

SOKRATES: Nicht nur erlauben, fordern werde ich es.

ALKIBIADES: Gut! Sobald ich etwas sage, das nicht wahr ist, fällst du mir ins Wort. Allerdings mußt du dich nicht wundern, wenn ich aus meiner Erinnerung mal dies, mal jenes hervorkrame, wie sich's gerade trifft. In meinem Zustand ist es gar nicht so leicht, deine Wunderlichkeit in der gebührenden Ordnung zu beschreiben.

Die nun folgende Rede ist eine Kette von Einfällen, die ohne innere Ordnung aneinandergereiht scheinen. Jedesmal, wenn das eine erzählt ist, entsteht eine kurze Pause, in der Alkibiades das Glas leert oder sich eine Zigarette anzündet; und dann folgt plötzlich der nächste Einfall. Die Runde, in der nun allgemein kräftiger dem Weine zugesprochen wird, ist in der besten Stimmung; es wird viel gelacht. Auch Sokrates ist bei heiterster Laune.

Manchmal allerdings wird er plötzlich sehr ernst und scheint an etwas ganz anderes zu denken. Aristodem, obwohl heftig interessiert, kämpft ständig mit dem Schlaf.

ALKIBIADES: Laßt mich also versuchen, den Sokrates zu preisen. Immer wieder einmal kommt mir da ein Vergleich in den Sinn, eine Ähnlichkeit. *Sich zu Sokrates umwendend:* Denke nicht, es sei Spott; nein, es ist die

Wahrheit! – Ich behaupte also: Sokrates ist wie diese Figuren zum Aufklappen, die man bei den Holzschnitzern sieht. Da hockt etwa ein Silen und spielt die Hirtenflöte. Innen drin aber: ein Götterbild! Sieht er nicht aus wie ein Satyr?
Sokrates wehrt lachend ab. Alkibiades läßt ihn nicht zu Wort kommen.
Das kannst du doch wohl nicht bestreiten. – Aber bist du nicht auch ein Flötenspieler? Ein meisterhafter, ein hinreißender? Nur verzauberst du uns ohne Instrument, allein mit deinem Wort. Wenn wir sonst einen Redner hören, mag er auch noch so berühmt sein – nun ja, wir finden es gut gesagt oder auch hervorragend, »phantastisch«; aber im Grunde berührt es uns kaum; es geht uns nichts an. Aber wenn du redest – das trifft uns ins Herz! Ich muß euch völlig betrunken vorkommen, aber ich sage es doch: wenn ich seine Worte höre, dann beginnt mir das Herz zu klopfen, und ich fühle, wie mir die Tränen kommen. Es ist wie eine Unterjochung. Oft genug habe ich gedacht, ich könne einfach nicht weiterleben – nicht so, wie ich tatsächlich lebe. *Zu Sokrates:* Willst du etwa sagen, das sei nicht wahr?
Noch heute, jetzt, in diesem Augenblick – ich bin sicher; wenn ich ihm zuhören würde, ich könnte ihm nicht widerstehen. Er zwingt einen; man muß es bekennen vor sich selber: Du bist nicht so, wie du sein sollst! Und so habe ich mir die Ohren zugehalten, wie vor dem Gesang der Sirenen. Ich bin ihm davongelaufen – sonst säße ich mein Leben lang ihm zu Füßen.
Ihr alle wißt, es ist nicht meine Art, mich zu schämen, vor irgend jemand. Aber vor ihm schäme ich mich. Ich weiß, ich bringe es nicht zustande, ihm ins Angesicht hinein zu widersprechen und etwa zu sagen: Wieso »muß« ich tun,

was du forderst? Ich renne also davon – *jetzt für sich sprechend* –, zum Beispiel in den Applaus der öffentlichen Menge. Manchmal wünschte ich, es gäbe Sokrates gar nicht mehr. Aber das würde dann noch viel schlimmer für mich sein. So weiß ich einfach nicht, was ich mit diesem Mann hier anfangen soll.
Laßt euch nicht täuschen! Keiner von euch kennt ihn. Zum Beispiel, ihr seht Sokrates den Verliebten spielen, den Hingerissenen, den Begeisterten, den Ahnungslosen. Aber das ist ja nur die silenenhafte Außenansicht; das ist der Silen! Er treibt ja nur sein Spiel mit uns allen. Reichtum, Jugend, Schönheit – das alles ist für ihn schlechthin nichts!
Ich weiß nicht, ob sonst jemand das inwendige Götterbild gesehen hat, das in diesem Silen verborgen ist; ich jedenfalls habe es zu sehen bekommen. Noch heute spüre ich den wilden Schmerz, diese Beschämung, diese maßlose Verhöhnung. Es war schlimmer als der Biß der Natter! Ein wütender Biß mitten ins Herz oder in die Seele oder wie man das nennen mag. Und doch konnte ich nicht anders; ich mußte diesen Mann bewundern. So einer war mir noch nie begegnet.
Damals war ich noch sehr jung. Später waren wir dann auf den Feldzügen zusammen. Die Strapazen schienen ihm gar nichts auszumachen. Gab es nichts zu essen und alle andern stöhnten – er nicht! Aber im Trinken, wenn er dazu genötigt wurde, war er jedem über. Dabei hat ihn niemand je betrunken gesehen, unglaublicherweise.
Aber nun hört euch folgendes an: Eines Morgens blieb er in Gedanken versunken stehen, immer auf dem gleichen Fleck; irgend etwas war ihm in den Sinn gekommen. Vermutlich kennt ihr das ja.

Allgemeines Gelächter. Oh ja. Agathon findet diese allzu deutliche Anspielung auf den Beginn des Abends etwas peinlich; er tauscht, über Alkibiades hinweg, einen heiterverständnisvollen Blick mit Sokrates, der seinerseits in schmunzelnder Überlegenheit verharrt.

Aber dies war im Feldlager! Inzwischen also wurde es Mittag. Die Soldaten wurden auf ihn aufmerksam, und einer erzählte es dem andern. Aber Sokrates blieb stehen und dachte nach. Abends, nach der Essenszeit – es war Sommer und die Nächte heiß – holten einige ihre Decken aus dem Zelt und legten sich ins Freie. Sie wollten sehen, ob er auch die Nacht über da stehen werde. Und wirklich, er ging erst weg, als die Sonne kam!

Und in der Schlacht, oder vielmehr auf dem Rückzug, bei Delion, das Heer war gesprengt und flutete ohne Ordnung zurück – damals habe ich Sokrates, ja, ich kann nur sagen »seines Weges gehen« sehen – genauso, wie du es beschrieben hast, Aristophanes: »wie ein Marabu einherschreitend und den Blick nach allen Seiten werfend«, gelassen Freund und Feind ins Auge fassend; aber da gab es keinen Zweifel: dieser Mann würde hart zurückschlagen, wenn ihm einer lästig werden sollte...

Wirklich, er läßt sich mit niemandem vergleichen, mit keinem Menschen jedenfalls. Perikles, Achill – man kann sie doch mit irgendwem vergleichen. Sokrates nicht! Höchstens, wie gesagt, mit Satyrn und Silenen.

Pausanias, der schon eine Zeitlang umherwandert, hat auf einem Wandbord solch eine aufklappbare Silenfigur entdeckt. Er macht sie lachend ein paar Mal auf und zu und stellt sie dann geöffnet auf den Tisch. Alkibiades nimmt sie in die Hand und fährt dann fort, indem er die Figur dem Phaidros reicht.

Auch seine Reden, das habe ich noch vergessen – auch

seine Reden sind wie die Silen-Figuren! Man muß sie öffnen. Auf den ersten Blick scheinen sie bloß spaßhaft zu sein. Er spricht von Schustern und Schmieden und Packeseln; es scheint auch immer wieder das gleiche zu sein. Und der unbedachte Zuhörer lacht. Wer sie aber zu öffnen versteht, diese Reden, der sieht: unter allem, was sonst geredet wird, sind sie allein vernünftig; ja, sie sind göttlich ganz und gar.

So, Freunde, das habe ich zu sagen zum Lobe dieses Mannes. Was ich an ihm zu tadeln habe, wollte ich allerdings auch nicht verschweigen. Und es soll dir, Agathon, zur Warnung gesagt sein. Laß dich von ihm nicht auch betrügen, werde nicht erst durch Schaden klug!

Gelächter, Beifall, Zuruf. Eryximachos ist aufgestanden und will offenbar aufbrechen; als Sokrates zu antworten beginnt, wendet er sich im Gehen noch einmal um und hört zu. Aristodem vertauscht seinen Schemel mit dem frei gewordenen Sessel des Eryximachos; auf den Schemel legt er die Beine. Es gelingt ihm nicht, eine Minute länger wach zu bleiben. Allmählich werden die Worte des Sokrates wie auch das durch sie hervorgerufene Gelächter und die Proteste des Alkibiades leiser; alles kommt wie von weit her, dann wieder aus der Nähe, um schließlich ganz unhörbar zu werden.

SOKRATES *mit hintersinnig-listigem Gesichtsausdruck:* Sehr betrunken, Verehrtester, kannst du gar nicht sein. Sonst hättest du es nicht zustande gebracht, dich so geschickt zu wenden, um den wahren Zweck deiner Rede im Dunkeln zu halten – bis er dann, ganz zum Schluß, doch zum Vorschein gekommen ist: daß du nämlich offenbar nichts anderes im Sinn hast als uns zu entzweien, Agathon und mich! Aber ich durchschaue dich.

AGATHON: Er hat sich ja auch sogleich zwischen uns beide gedrängt!

ALKIBIADES: Aber hast nicht du selbst mich auf den Platz genötigt?
SOKRATES *unbeirrbar weitersprechend:* Dein Satyr- und Silenen-Spiel ist entlarvt!
AGATHON *indem er den Platz wechselt:* Sokrates, ich setze mich zu dir!
SOKRATES *zu Agathon:* Laß ihn nur ja nicht zum Zuge kommen!
ALKIBIADES: Immer ist es das gleiche mit diesem Mann...

All dies wird aber nicht mehr deutlich wahrnehmbar; es verschwimmt mit der Musik, die den Schlaf des Aristodem begünstigt [und auch darstellt]. Schließlich läßt sich die Stimme des Sprechers wiederum hören. Die Kamera hat sich zuletzt ganz dem unruhig schlafenden Aristodem zugewendet, der immer wieder versucht, die richtige Schlafstellung zu finden.

SPRECHER: Der Berichterstatter ist müde geworden. Er hört nicht mehr zu. Das ist der Grund, warum auch wir nichts wissen von dem, was die Nacht über noch geredet worden ist. Denn das Gespräch geht weiter. Bis in den hellen Morgen. Die Hähne hätten schon gekräht, so sagt Aristodem, da erst sei er erwacht.
Dem platonischen ›Symposion‹ fehlt darum die Konklusion; es fehlt sozusagen die Pointe. So jedenfalls scheint es. Doch ist der Anschein trügerisch. Da ist durchaus ein Schlußstrich und ein Resultat. Nur liegt es nicht zutage. Aber das ist ja in Platons Dialogen fast die Regel.

Die Kamera, die wieder zu wandern begonnen hat, zeigt eine inzwischen völlig verwandelte Szene.
Eryximachos und Phaidros sind gegangen. Die Diener sitzen schlafend auf den Schemeln. In der Nähe der Tür zur Terrasse stecken Alkibiades und Pausanias die Köpfe zu-

sammen und brechen ab und zu in lautes Gelächter aus. Aristodem gähnt ungeniert, ist aber wieder hellwach und aufmerksam. Sokrates sitzt aufrecht auf seinem früheren Platz und redet zu Aristophanes und Agathon; beide hören mit freundlicher Anstrengung, aber doch nur mit halber Aufmerksamkeit zu. Aristophanes liegt, den Ellbogen aufgestützt, auf einer Bank, während Agathon, neben Sokrates sitzend, erschöpft den Kopf hintenüber an die Wand lehnt.
Unvermittelt steht dann Sokrates auf, schlägt dem Aristophanes zum Abschied auf die Schulter und läßt sich von Agathon hinausbegleiten. Aristodem schließt sich an.

SPRECHER *ruhig fortfahrend:* Aristodem also berichtet, er habe gehört – und: gesehen! –, wie Sokrates am frühen Morgen noch, er allein völlig unermüdet, versucht habe, den beiden Dichtern etwas klarzumachen, eine einzige These: daß nämlich nur, wer eine Komödie zu schreiben imstande sei, auch eine Tragödie schreiben könne – und umgekehrt.
Eben hierin verbirgt sich die Pointe und die Konklusion. Es handelt sich beileibe nicht um ein neues Thema. Noch immer ist vom Eros die Rede; ja nun erst recht. Denn hat sich nicht gezeigt, daß Eros nichts weniger ist als die daimonische Gewalt des Daseins selbst? Die uns immer wieder einmal hinauswirft aus aller verläßlichen Proportion zur Alltagsrealität der Welt – was dann komisch ist oder tragisch oder beides zugleich?

Während Sokrates sich zum Abschied noch einmal in der Tür zu Agathon, und auch zum Zuschauer, umwendet und die Hand zum Gruße erhebt, wird die Musik lauter und endet mit einem spannungsreichen, aber klaren, großfigurigen Fugenschluß.

DER TOD DES SOKRATES

Personen

SOKRATES KRITON
PHAIDON SIMMIAS
ECHEKRATES KEBES
APOLLODOR
WÄRTER
GERICHTSDIENER

Auf die fragende Aufforderung eines Besuchers erzählt ein Augenzeuge von den Gesprächen und Geschehnissen in der Gefängniszelle, am letzten Tage des Sokrates. Diese Ausgangssituation des platonischen Dialogs »Phaidon« wird auch im folgenden aufgenommen und durchgehalten. Jedoch greift, in unserem Spiel, Phaidons Bericht etwas weiter zurück, indem sowohl die Verteidigungsrede des Sokrates einbezogen wird wie auch die im Dialog »Kriton« enthaltene Erzählung von dem fehlgeschlagenen Versuch, ihn zur Flucht zu bewegen. Die den drei Dialogen entnommenen Texte, die den weitaus größten Teil des Stückes ausmachen, folgen, wenngleich natürlich stark gekürzt, durchaus dem Wortlaut der platonischen Vorlage, während in den von Phaidon gesprochenen Passagen ein behutsamer Kommentar versucht wird.

Die Handlung spielt sich auf einem freien Platz und im Gefängnis ab. Beide Schauplätze sind möglichst zeitlos zu denken; sie sollen weder durch realistische Details an das antike Athen erinnern noch freilich sollen sie ausgesprochen modern wirken.

Die Kleidung der auftretenden Personen ist zwar von heutigem Zuschnitt, aber ohne modische Eigentümlichkeiten.

Die Personen

SOKRATES, *siebzig Jahre alt, hat zwar, wie sich vor allem im ersten Teil des Stückes zeigt, nichts verloren von seiner Lust an Streitgespräch und Ironie. Den Grundton aber bestimmt dieses Mal feierlicher Ernst, der allerdings, von überlegener Heiterkeit gemildert, niemals pathetisch wird. – Seine Kleidung ist im ersten Teil von bürgerlicher, eher uneleganter Durchschnittlichkeit; im Gefängnis kein Häftlingsanzug, wohl eine gewisse Reduzierung des üblichen [keine Krawatte, kein Kragen].*

PHAIDON, *einer der enthusiastisch Lernenden um Sokrates, etwa fünfundzwanzig Jahre alt. Er steht, voll leidenschaftlicher Ungeduld, noch völlig unter dem Eindruck von Prozeß und Todesschicksal des geliebten Lehrers, dessen Haltung er bei aller Bewunderung erst sehr langsam ahnend zu begreifen beginnt. Als Berichterstatter trägt er sommerliche Kleidung und weißes Sporthemd, als Besucher im Gefängnis dunklen Rollkragenpullover.*

ECHÉKRATES, *ein etwa fünfzigjähriger Mann; Typ des gebildeten, geistig lebendigen Lehrers.*

KRITON *ist etwa gleichen Alters wie Sokrates; kluger Praktiker von unkomplizierter Geradsinnigkeit.*

SIMMIAS *und* KEBES, *beide um fünfunddreißig, miteinander und mit Sokrates befreundet. Sehr interessiert an philosophischen Themen, jedoch keine »Intellektuellen« vom Schlage der Sophisten.* SIMMIAS: *offen, sympathisch, etwas naiv.* KEBES: *problematisierender Scharfsinn.*

APOLLODÓR, *etwa dreißig Jahre alt, seit langem Anhänger des Sokrates. Zu gefühliger Überschwenglichkeit neigend, begleitet er stumm, aber mit offensichtlicher Anteilnahme das Geschehen in der Todeszelle. [Diese Figur kann man vielleicht auch weglassen.]*

WÄRTER, *beleibt, gutmütig, etwas weich, beeinflußbar. Seine Amtsstellung soll nur durch eine fast gemütlich wirkende Uniformjacke mit blinkender Knopfreihe kenntlich gemacht sein. Keine Kopfbedeckung, überhaupt nichts Martialisches.*

GERICHTSDIENER, *gesichtsloser, aber nicht unmenschlicher Funktionär. Soldatische Uniform; Helm, Koppel.*

Ein mit Bäumen bestandener freier Platz. Heller Sommertag. Phaidon und Echekrates kommen im Gespräch von der Seite her und setzen sich schließlich auf einen Baumstamm [oder eine umgestürzte Säule]. Phaidon hat die Jacke ausgezogen, die er neben sich legt. Seine Erzählung ist eher dramatische Vergegenwärtigung denn bloßer Bericht; je bewegender ihn die Erinnerung überkommt, desto leidenschaftlicher seine Gestik; der Grundton ist zornige Bewunderung.

PHAIDON: O nein, ich habe Zeit! Hierfür habe ich Zeit. – Deine Vermutung stimmt: natürlich war ich dabei. Nein, nicht »natürlich«, wahrhaftig nicht! Unbegreiflicherweise! Manchmal kann ich es noch gar nicht glauben, daß ich, Phaidon aus Elis, wirklich bei ihm gewesen sein soll, in der Todeszelle, fast den ganzen letzten Tag; und daß ich es gesehen habe, mit diesen meinen Augen, wie er den Giftbecher trank. – So muß ich immer wieder davon reden, wie das alles, eins nach dem andern, sich zugetragen hat. – Aber die Tatsachen kennst du doch auch?

ECHEKRATES: Doch, die ersten Nachrichten kamen sogar sehr bald. Aber manches klang einigermaßen unwahrscheinlich. Diese merkwürdig lange Zeit, zum Beispiel, zwischen dem Urteil und der – nun ja, der Vollstreckung. Wieso eigentlich?

PHAIDON: Ja, das ist eine Geschichte für sich. Jedes Jahr gibt es bei uns diesen kultischen Festzug über das Meer, von Athen nach Delos, zur Insel des Apollon. Ein alter Brauch; ich weiß nicht, seit wieviel hundert Jahren das geschieht.

ECHEKRATES: Das ist mir bekannt. Aber was hat das...

PHAIDON *unterbricht ihn:* Und während dieser Festzug unterwegs ist, darf niemand von Staats wegen getötet werden.

ECHEKRATES: Das Schiff war also gerade abgegangen?

PHAIDON: Es war sogar noch im Hafen! Aber – genau einen

Tag vor dem Urteil – hatten die Priester den Bug feierlich bekränzt. In diesem Augenblick beginnt der Festzug. Daher die lange Zeit!

ECHEKRATES: Aber dann wundert mich etwas anderes um so mehr. Konntet ihr denn nichts unternehmen? Ich meine – war er in so strenger Haft? Konnte man ihn nicht »entführen«? So etwas wäre doch nicht zum erstenmal passiert!

PHAIDON: Ja, ja, ja! Ich weiß. Aber was nicht alles haben wir versucht!

ECHEKRATES: Das Unbegreiflichste war für uns natürlich das Todesurteil selbst. Daß es dazu kommen konnte. Sokrates nicht fähig, sich zu verteidigen! Oder hat man ihn gar nicht zu Wort kommen lassen? War er...

PHAIDON *unterbricht ihn:* Natürlich hat man ihn zu Wort kommen lassen. Und er war in der denkbar besten Form!

ECHEKRATES: Aber?

PHAIDON: Ja – er hat sich nicht verteidigt! Er hat geredet, als hätte er es darauf abgesehen, daß sie ihn verurteilten. Bereits vom ersten Wort an.

ECHEKRATES: Also, wie ging das zu? Was hat er gesagt? Erzähle! Zunächst wurde doch wohl die Anklage verlesen.

PHAIDON: Ja. Die Anklage wurde vorgelesen und dann begründet. Darauf entstand eine vollkommene Stille. Alle blickten voller Erwartung auf Sokrates. Er ging sehr ruhig, beinah gemächlich, auf den Platz des Sprechers und begann. Es begann die sogenannte Verteidigungsrede. Daß er die mehr oder weniger vorgeschriebene, die jedenfalls sonst übliche Anrede nicht gebrauchte – das hätte man ihm wohl noch zugute gehalten; viele haben es auch gar nicht wahrgenommen. Er sagte einfach: »Ihr Männer von Athen« – als handle es sich um irgendeine Zusammenkunft der Bürger, als stände er nicht vor Gericht! Aber dann wurde er ironisch; du kennst das ja. Was die Ankläger da vorgebracht hätten – das sei ja geradezu faszinierend gewesen! Er jedenfalls sei aufs tiefste beeindruckt; und es werde ihnen allen wohl kaum anders ergangen sein als ihm selbst. Aber natürlich finde sich in alledem kein wahres Wort. *Phaidon bedeckt, sich erinnernd, die Augen mit der Hand und schüttelt den Kopf.*

ECHEKRATES: Und dann? Was geschah daraufhin?

PHAIDON: Natürlich gab es einen ungeheuren Tumult. *Er weist mit einer ausgreifenden Geste über den Platz hin.* Im Nu hatte dieser Mann den ganzen Kessel hier zum Kochen gebracht.

ECHEKRATES: Der Gerichtshof von Kindern und der Arzt als Angeklagter!

PHAIDON: Wie meinst du das?

ECHEKRATES: Das habe ich ihn selber einmal sagen hören – vor ich weiß nicht wie vielen Jahren, fünfzehn, zwanzig? Er sagte das zu Kallikles; den wirst du kaum noch gekannt haben; damals war er ein sehr mächtiger Mann.³

PHAIDON *lachend:* Vor zwanzig Jahren? Da schickte man mich eben in die Schule!

ECHEKRATES: »Willst du wissen, lieber Kallikles« – so sagte Sokrates, ich habe das ziemlich genau behalten – »willst du wissen, warum ich glaube, daß ich in solchem Fall den Tod finden werde?« Seltsamerweise war die Rede von einem Gerichtsverfahren, in das Sokrates verwickelt sein könnte. Wovon damals wirklich weit und breit nichts zu sehen war. Es war eine völlig irreale Annahme. So schien es.

PHAIDON: Aber wieso ein »Gerichtshof von Kindern«?

ECHEKRATES: »Denke dir einen Arzt« – so sagte er –, »einen Arzt, angeklagt von einem Zuckerbäcker, und das vor einem Gerichtshof, der aus Kindern besteht. Wenn der

Arzt sich nun zu verteidigen versuchte: das Schneiden und das Brennen und die bittere Arznei, alles das diene doch nur der Gesundung – was glaubst du wohl, welchen Lärm werden sie vollführen, diese Richter?« – Nun also war es wahr geworden.

PHAIDON: »Macht nicht solchen Lärm, ihr Athener« ja, das hat er mehrmals gesagt. Aber schließlich hatte er selbst den Lärm herausgefordert. Wie gesagt, das Ganze war eine einzige Provokation! Du hättest das hören sollen. Es war zum Verzweifeln. Niemand von uns hat begriffen, warum er zum Beispiel unbedingt von dieser unglückseligen Chairephon-Geschichte reden mußte!

ECHEKRATES: Chairephon?

PHAIDON: Einer seiner frühesten Anhänger. Er ist schon tot. Wir nannten ihn nur »die Fledermaus«; er war ganz hager vor lauter Fanatismus. Chairephon hätte am liebsten den Sokrates für ein göttliches Wesen erklärt. Eines Tages kam er tatsächlich von Delphi zurück mit der Behauptung: Apollon selbst habe Sokrates den weisesten unter den Menschen genannt. Das alles war inzwischen längst vergessen, glücklicherweise. Aber Sokrates kramte es wieder hervor; ausführlich, hartnäckig, unbeirrt. Und natürlich wurde der Lärm immer bedrohlicher. *Grimmig zitierend:* »Nur keinen Lärm, ihr Athener!« Man konnte nur staunen, daß sie ihm überhaupt noch zuhörten!

Inzwischen wird, wie ein Erinnerungsbild, die Gestalt des Sokrates sichtbar, seitlich hinter Phaidon stehend, so weit von ihm entfernt, daß die Kamera sie sowohl zusammen als auch getrennt erfassen kann. Echekrates sieht seinerseits den Sokrates nicht; er vernimmt auch seine Stimme nicht unmittelbar, sondern nur durch den vergegenwärtigenden Bericht des Phaidon hindurch.

Sofern Echekrates, während Sokrates redet, überhaupt erscheint, sitzt er in sich versunken da und hört [dem Phaidon] zu. Während der ersten Worte des Sokrates bleibt die Kamera auf Phaidon allein gerichtet, der wie ein Sich-Erinnernder zuhört, lächelnd, bestätigend, wiedererkennend [ja, genau so war es!], sich von neuem auch erregend. Zwischendurch nimmt immer wieder einmal Phaidon selbst und auch Echekrates das Wort; währenddessen wird dann die Stimme des Sokrates allmählich unhörbar.

SOKRATES: Macht nicht solchen Lärm, ihr Männer! Mitbürger! Das Wort stammt ja gar nicht von mir. Es stammt von dem Gotte in Delphi. Der verdient doch wohl euren Glauben. Sein Orakel hat gesagt: Niemand ist weiser als Sokrates! – Welch ein rätselhaftes Wort, sagte ich zu mir selbst. Was kann der Gott nur meinen?
Da doch in mir keine Spur von Weisheit ist! – So habe ich also nachgeforscht. Und dadurch habe ich mich dann bei allen verhaßt gemacht. Ich ging nämlich hin und befragte die Weisen, vielmehr die, welche für weise gelten – bei anderen und bei sich selbst: Politiker, Dichter, Fachleute der Praxis. Und dabei habe ich nun, beim Hunde, eine seltsame Erfahrung gemacht. Es stellte sich heraus, daß ich tatsächlich jeweils um ein ganz winziges Stück weiser war! Sie wußten freilich viele Dinge, die ich nicht wußte. Aber Weisheit? Das wahrhaft Wissenswerte wußten sie genausowenig wie ich. Nur war da ein Unterschied: Sie meinten, sie wüßten es doch; ich aber war mir meiner Unwissenheit bewußt! Um genau dieses winzige Stück war ich ihnen also voraus.
Die wahre Weisheit besitzt Gott allein. Menschliche Weisheit hingegen besagt gar nichts. Das ist der Sinn des Orakelspruchs! Er redet gar nicht von Sokrates. »Sokra-

tes« – das ist nur ein Vorwand! Gemeint ist dieses: Wer, wie Sokrates, weiß, daß seine Weisheit nichtig ist, der ist unter euch, ihr Menschen, der weiseste.
Aber daß ihr mir nicht vergeßt, warum ich hiervon rede! Ich will euch begreiflich machen, woher diese wütende Feindseligkeit kommt.
Der wirkliche Grund wird ja nicht genannt; das bringen sie nicht über sich. Niemals werden sie zugeben, wie Sokrates sie vor sich selbst bloßgestellt und sie entlarvt hat als Leute, die zwar meinen, weise zu sein, es aber gar nicht sind. Und nun nehmen sie Rache an mir; sie liegen euch, seit langem schon [ich weiß es wohl] in den Ohren mit ihren Verleumdungen. Leider nicht ohne Erfolg. So daß ich nicht allzuviel Hoffnung habe, euch diese eindrucksvollen Lügen wieder auszureden. Beinahe hätte ich ihnen ja selber geglaubt! So glänzend fand ich die Anklage formuliert und angelegt! Kein wahres Wort darin – aber großartig gemacht! Die Wahrheit ist es anderseits, gerade sie, um deretwillen sie mich hassen. Fast ist ihr Haß der Beweis, daß ich die Wahrheit sage.

ECHEKRATES *langsam sich aufrichtend und Phaidon anblickend:* Das ist ja nicht zu glauben!
PHAIDON: Dies war aber erst der Anfang. Ein noch ziemlich harmloser Anfang. Danach nahm er sich die Anklageschrift vor, Punkt für Punkt. Verlesen hatte sie Méletos.
Echekrates zeigt durch fragendes Achselzucken, daß er Meletos nicht kennt.
Ein völlig unwichtiger Mann! So ein geschniegelter Literat! Er tat einem beinah leid. Wie einen Schuljungen rief Sokrates ihn auf. »Komm einmal her und beantworte meine Fragen.« Er kam wirklich, so verdutzt war er. Er kam mit seiner stolzen Habichtsnase und seinem Jüng-

lingsbart. Es war ein grausames Spiel. »Verwechselst du mich auch nicht mit jemand anders? Mit Anaxagoras zum Beispiel?« Je erbarmungswürdiger Meletos antwortete, desto übertriebener das Lob, das Sokrates ihm spendete: »Herrlich gesprochen bei der Hera!« – »So jung noch und doch viel weiser als ich in meinem Alter!«
Echekrates schüttelt ungläubig den Kopf.
Und als Meletos sich zu wehren versuchte, übrigens mit einem unglaublich läppischen Argument, da spielte Sokrates den tief Erschrockenen: »Oh, da versetzt du mir aber wirklich einen schweren Schlag!«
Die Leute begannen schon über Meletos zu lachen. Na, und so weiter. Schließlich schickte er ihn einfach weg. »Nein, Meletos ist es wahrhaftig nicht« – das war wieder zu den Richtern hin gesagt –, »nicht Meletos wird mich zu Fall bringen, wenn ich schon einmal fallen soll! Zu Fall bringen wird mich der Haß der Vielen!« Und das Lachen verstummte augenblicks.
»Wenn ich schon einmal fallen soll« – das kehrte immer wieder. Er dachte gar nicht daran, sich zu retten. Wir aber begannen zu ahnen, daß es diesmal blutiger Ernst war.

Wiederum beginnt Sokrates, zuerst noch unsichtbar, zu sprechen.

SOKRATES: Nehmen wir einmal an, ihr würdet jetzt zu mir sagen: Gut, Sokrates, für diesmal werden wir nicht auf die Ankläger hören. Du bist frei – unter einer Bedingung. Die Bedingung ist, daß du dein Leben änderst. Dieses sogenannte Suchen nach Wahrheit und Weisheit – das mußt du lassen. Aber wenn wir dich noch einmal dabei treffen, dann bist du des Todes. – Meine Antwort hierauf würde etwa folgendermaßen lauten: Eure Freundlichkeit in allen Ehren, liebe Mitbürger! Aber gehorchen? Gehorchen

werde ich dem Gotte und nicht euch! Solange ich Atem habe, werde ich nicht aufhören, nach der Wahrheit zu forschen. Und auch nicht, euch ins Gewissen zu reden. Wer auch immer mir gerade in den Weg kommt – ich werde ihn, wie bisher, mahnen und fragen: Schämst du dich nicht, du, ein Athener, Bürger dieser berühmten Stadt, berühmt durch Geist und Macht – schämst du dich nicht, aufs bloße Geldverdienen aus zu sein und auf den großen Namen, aber um Wahrheit dich gar nicht zu sorgen, nicht um Einsicht und nicht darum, gut zu sein? Und wenn mir einer antwortet: Doch, er sorge sich sehr wohl um all dies – dann werde ich ihn nicht schon loslassen, o nein! Den werde ich sehr genau prüfen und ins Gebet nehmen. Das ist der Dienst, den ich dem Gotte schulde.
Euch aber und eurer Stadt ist nie ein größeres Glück zuteil geworden als dieser Dienst und als diese meine ständige Rede, daß nicht aus Reichtum Tugend kommt, sondern umgekehrt aus Tugend Reichtum; Reichtum und alles übrige, was sonst von Nutzen ist, für euch selbst und für die ganze Stadt.
Wenn ich allerdings die Jugend verderbe mit solchen Reden – dann mögen sie meinetwegen schädlich sein. Aber jedenfalls rede ich von nichts anderem als hiervon! Und wer das behauptet, der weiß nicht, was er sagt.
Also, meine Mitbürger, gebt der Anklage recht oder gebt ihr nicht recht, sprecht mich frei oder verurteilt mich: Ich werde in keinem Fall etwas anderes tun – und müßte ich auch viele Male sterben!
Ich verteidige mich nicht um meiner selbst willen. Glaubt das nicht. Davon bin ich weit entfernt. Und ich werde nicht versuchen, euer Mitleid zu erregen, wie das sonst wohl geschieht. Man zeigt euch die kleinen Kinder, und so fort – als wäre man unsterblich, wenn nur dies Todes-

urteil nicht zustande käme. Ob ich mich vor dem Sterben fürchte oder nicht – das ist freilich eine völlig andere Frage. Auch ich stamme ja nicht vom Felsen ab oder von der Eiche. Auch ich habe Söhne, drei Söhne, zwei davon noch Kinder. Aber ich werde euch nicht anbetteln um einen Freispruch. Ich gebe es euch selbst anheim, euch und der Gottheit, daß ihr so richtet über mich, wie es recht ist und gut – gut nicht nur für mich, sondern auch für euch selbst.

PHAIDON *mit einer Art von erbitterter Genugtuung vor sich hinblickend:* Unmittelbar nach diesem letzten Satz begann die erste Abstimmung der Fünfhundert.
ECHEKRATES: Die Abstimmung über schuldig oder nichtschuldig.
PHAIDON: Ja. – Natürlich gab es für uns schon keinen Zweifel mehr, wie sie ausfallen würde. Aber Sokrates – wißt ihr, wie er den Schuldspruch quittierte? Er wundere sich, so sagte er, vor allem über eines: daß es nur eine so knappe Mehrheit gegen ihn gegeben habe! – Das Schlimmste aber kam erst; das Schlimmste war sein eigener Strafantrag.
ECHEKRATES: Der Angeklagte schlägt selber eine Strafe vor?
PHAIDON: Ja, das steht ihm nach der Prozeßordnung zu. In Athen ist das so. – Aber weißt du, was Sokrates sagte? O nein, er habe nicht im Sinn, sich selber etwas zuzumuten, von dem er sicher wisse, daß es für ihn ein Unglück sei. Gefängnis zum Beispiel werde er sich nicht zumuten [»Was soll mir ein Sklavenleben!«]. Eine Geldstrafe? Sie käme für ihn auf das gleiche hinaus, da er ja kein Geld besitze und also wiederum ins Gefängnis müsse. Verbannung? Damit er sich über kurz oder lang in die gleiche Lage bringe – aber am fremden Ort? Nein! Vor allem: Er

habe niemandem unrecht getan, und so denke er nicht daran, sich selber unrecht zu tun.

Wenn er aufrichtig sagen solle, was er selbst verdient zu haben glaube, dann beantrage er für sich: daß er teilnehmen dürfe an dem festlichen Mahl für die Ehrengäste der Stadt Athen! – Es war der reine Mutwille. Wir sahen einander voller Entsetzen an, völlig fassungslos. Und dann packte uns einfach der Zorn auf diesen wunderbaren schrecklichen Menschen.

ECHEKRATES: Aber was konntet ihr tun? Wart ihr in seiner Nähe?

PHAIDON: O ja! Einige von uns sprangen zu ihm hin, boten ihm Geldbeträge und Bürgschaft an und brachten ihn schließlich mit Mühe dazu, daß er sich immerhin bereit erklärte, eine einigermaßen annehmbare Buße zu zahlen. Aber natürlich war es nun schon zu spät. Du weißt ja, wie die zweite Abstimmung ausgegangen ist?

ECHEKRATES *verwundert und nachdenklich nickend:* Und wie nahm Sokrates es auf?

PHAIDON: Sokrates sprach sein Schlußwort ungebeugt. Wer es gehört hat, kann es unmöglich je vergessen. Es ist kaum zu glauben, aber es ist die reine Wahrheit: er war vollkommen einverstanden! »Ich zweifle nicht, daß es das beste für mich ist, schon jetzt zu sterben!«

SOKRATES: Nein, ich bereue es nicht, mich so verteidigt zu haben. Dem Tode jetzt zu entgehen – das wäre ja, denke ich, nicht so übermäßig schwer gewesen. Aber der Schlechtigkeit entgehen – das ist schwer! Sie läuft schneller als der Tod. – Nun hat mich also der Langsamere eingeholt, mich langsamen alten Mann. Aber meine Ankläger, diese flinken jungen Männer, sie sind von der Schnelleren eingeholt worden: von der Schlechtigkeit.

Dabei, meine Mitbürger, ist es ja nur eine ganz kurze Spanne Zeit, die ich noch zu leben gehabt hätte – ohne euren Spruch. Um dieser kurzen Spanne willen werdet ihr nun zu trauriger Berühmtheit kommen – bei denen nämlich, die unsere Stadt schmähen wollen. Ihr habt den Sokrates umgebracht, so werden sie sagen, diesen weisen Mann! Denn natürlich werden sie mich einen weisen Mann nennen, wenn ich es auch nicht bin. Nur ein klein wenig hättet ihr zu warten brauchen, dann wäre euer Wunsch ja von selbst in Erfüllung gegangen. – Das sage ich zu denen, die mich verurteilt haben.

Euch anderen aber, ihr Richter [euch nenne ich nun wirklich meine Richter!] – euch will ich gleichfalls noch ein Wort sagen, solange ich noch frei bin: Seht dem Tode voller Hoffnung ins Gesicht, auch ihr! Eines müßt ihr wissen und festhalten als unzerstörbare Wahrheit: Für den, der das Gute will, gibt es kein Übel – im Leben nicht und nicht im Tode! Die Götter werden seine Sache nicht aus den Augen lassen.

Auch habe ich euch noch um etwas zu bitten: Wenn meine Söhne heranwachsen, und es zeigt sich, daß sie mehr daran denken, Geld zu verdienen als daran, gut zu sein; oder sie meinen, etwas zu wissen, und sie wissen es nicht; oder etwas zu sein, das sie doch nicht sind – dann übt Vergeltung: Tut ihnen genau das gleiche an, das euch von mir widerfahren ist!

Aber nun ist es Zeit, daß wir gehen – ich zum Sterben, ihr zum Leben. *Er wendet sich, kehrt dann aber noch einmal zurück.* Wer freilich zu dem besseren Geschäfte geht, das ist allen verborgen – außer Gott.

Echekrates blickt erschüttert Phaidon an, keines Wortes mächtig. Phaidon sitzt regungslos da, beide Ellbogen auf

die Knie gestützt, den Blick auf den Boden geheftet. Mit einem tiefen Seufzer fährt er fort in seinem Bericht:
PHAIDON: Sokrates behielt recht, wie gesagt: Der Tod reiste sehr langsam. Es hatte noch gute Weile mit dem Sterben. So begannen wir wieder zu hoffen. Außerdem, die Athener schämten sich nachträglich doch ein wenig wegen dieses Todesurteils. Unter den fünfhundert Richtern gab es immer mehr, denen es durchaus recht gewesen wäre, wenn es, ganz gleich aus welchem Grunde, überhaupt nicht zur Hinrichtung gekommen wäre.
ECHEKRATES: Bei uns hieß es: hätte man die Abstimmung nur um einen einzigen Tag verschieben können, sie wäre anders ausgefallen. Stimmt das?
Phaidon nickt nachdenklich.
Aber dann, entschuldige – dann begreife ich nicht...
PHAIDON *rasch und heftig:* Das Hindernis war Sokrates selbst, niemand sonst! – Der einzige Mensch, auf den wir noch eine gewisse Hoffnung setzten, war Kriton!
ECHEKRATES: Kriton? Wer ist Kriton?
PHAIDON: Aber du kennst ihn doch. Du mußt ihm begegnet sein.
ECHEKRATES: Mag sein. Aber dann ist es Jahre her. Und schließlich war ich nie für lange Zeit in Athen.
PHAIDON: Kriton allerdings – ja, wer ihn sieht, kommt nicht leicht auf den Gedanken, er könnte etwas mit Sokrates zu tun haben. Ein ganz unphilosophischer Typ! Dabei sind sie von Kindheit an befreundet. Die merkwürdigste Freundschaft, die man sich denken kann. Ich glaube, Kriton nahm den Sokrates wie ein extravagantes Kind, für das er sich verantwortlich fühlte wie eine alte erfahrene Magd. Und Sokrates ...
ECHEKRATES *unterbrechend:* Und Sokrates ließ sich das gefallen?

PHAIDON *lächelnd, mit etwas zweifelnder Gebärde:* Nun ja... Jedenfalls ließ er sich von Kriton Dinge sagen, die ihm keiner von uns zu sagen gewagt hätte. – Vor allem, dieser Kriton ist ein großartiger Organisator. Du kannst dich darauf verlassen, daß er immer mit genau den Leuten bekannt ist, die man gerade braucht. Nun, eines Tages also war, kurz gesagt, »alles vorbereitet«. Kriton hatte kaum ein Wort darüber verloren.
ECHEKRATES: Alles vorbereitet – für die Flucht? Für die Befreiung aus dem Gefängnis?
PHAIDON: Ja! Inzwischen war es allerdings auch höchste Zeit! Kriton also ging zu Sokrates ins Gefängnis. Er hat uns nachher alles erzählt. Vielmehr, wir haben es allmählich aus ihm herausbekommen.

Inzwischen ist das Innere des Gefängnisses sichtbar geworden; ein langer kahler Gang, seitlich die Türen zu den Zellen. Es ist dämmerig. Kriton und der Wärter kommen langsam nach vorn, schweigend. Kriton bleibt einmal stehen, blickt sich um, auf Orientierung bedacht, und weist fragend in eine bestimmte Richtung. Der Wärter schüttelt beflissen den Kopf und zeigt mit der Hand in die entgegengesetzte Richtung.
Kurz bevor sie die Zelle des Sokrates erreichen, bleiben sie noch einmal stehen; Kriton gibt dem Wärter Geld, das dieser rasch an sich nimmt; er bedankt sich mit einer gewissen Servilität. Dann öffnet er die Zelle und läßt Kriton eintreten. Das alles geschieht mit behutsamer Lautlosigkeit.
In der Zelle ein Tisch und drei bis vier Pritschen, bis auf eine leer; an jeder Pritsche ein Schemel. Auf dem Tisch ein paar Bücher, außerdem ein kleiner Stoß Papiere, offenbar Manuskripte. An der längeren Wand hoch oben eine Fensterreihe. Es ist etwas dunkler als auf dem Gang.

Sokrates liegt unter einer Decke und schläft. Auf dem Schemel seine Jacke, darunter seine Schuhe. Später sieht man, daß er mit Hose und einem kragenlosen Hemd bekleidet ist, das am Hals mit einem altmodischen Kragenknopf geschlossen ist.
Der Wärter entfernt sich und schließt die Tür. Kriton tritt sogleich vorsichtigen Schrittes zur Tür zurück, um sich zu vergewissern, daß sie nicht verschlossen ist. Dann blickt er sich in der Zelle um und betrachtet, nachdenklich nickend, den schlafenden Sokrates. Schließlich setzt er sich auf eine leere Pritsche und wartet.
Nach einiger Zeit wird Sokrates plötzlich wach. Er richtet sich auf und erkennt den Kriton.

SOKRATES: Ach, Kriton? Bist du schon lange hier?
Kriton nickt mit überlegener Gemächlichkeit.
Warum hast du mich nicht gleich geweckt? Setzest dich still dahin!
KRITON: Ich habe dir zugesehen, wie du so ruhig schliefest. Diese schöne Zeit wollte ich dir wenigstens nicht verkürzen!
SOKRATES: Aber warum bist du schon so früh gekommen? *Er blickt zu den Fenstern auf.* Es ist doch noch sehr früh?
KRITON: Ja, es beginnt eben zu dämmern.
SOKRATES: Ich wundere mich, daß man dich schon hereingelassen hat.
KRITON *lacht lautlos, macht eine wegwerfende Geste und sagt dann mit unverhohlener Ironie:* Vielleicht hab ich dem Mann etwas gegeben?
SOKRATES: Nun gut. Aber wozu diese frühe Stunde?
KRITON: Ich habe eine traurige Nachricht. Traurig jedenfalls für uns.
Sokrates setzt sich aufrecht und stellt die Füße auf den Boden.

SOKRATES: Ist das Schiff zurück?
KRITON: Noch nicht! Aber wahrscheinlich wird es heute kommen. Und morgen also...
Er blickt beobachtend und abwartend zu Sokrates hin. Sokrates steht auf, tritt in seine Schuhe und zieht die Jacke an. Er läßt Kriton sein Gesicht nicht sehen.
SOKRATES: So sage ich: Glück zu! – Wenn die Götter es so wollen, dann mag es so sein.
Nach einigem Zögern blickt er Kriton von der Seite an.
Aber... ich glaube nicht, daß es schon heute kommt, das Schiff.
KRITON: Und woher willst du das wissen?
SOKRATES: Ich habe vorhin einen Traum gehabt. Vielleicht war es doch ganz gut, daß du mich nicht geweckt hast.
Kriton ist skeptisch, in seiner Stimme wird eine Spur von Ungeduld hörbar.
KRITON: Und was hast du geträumt?
SOKRATES: Eine Frau rief mir etwas zu – schön, anmutig, im weißen Gewand. Sie sagte so etwas wie: Noch drei Tage, dann wirst du...
Bei den letzten Worten blickt er an Kriton vorbei; die Augenschlitze verengen sich, er verstummt nachdenklich und in tiefem Ernst. Kriton antwortet mit beiläufiger Höflichkeit; er will sich auf diese Sache nicht einlassen.
KRITON: Merkwürdig! Ein sonderbarer Traum!
SOKRATES: Vor allem aber ist er doch völlig deutlich, finde ich. Nicht morgen, sondern übermorgen...
Kriton springt auf und tritt vor Sokrates hin; er spricht, obwohl flüsternd, mit großem Nachdruck.
KRITON: Nein!! Du wunderlicher Sokrates! Noch ist es nicht zu spät. Du brauchst nur mitzukommen!
Er geht, mit dem Gesicht eines Mannes, der eine unerwartet gute Nachricht bringt, mit raschen Schritten zur

Tür, öffnet sie einen Spalt breit, schließt sie wieder und sieht triumphierend Sokrates an.
Sokrates hat voller Erstaunen zugeschaut und geht dann schweigend zu seiner Pritsche, wo er sorgfältig und ohne Eile die Decke zusammenfaltet. Schließlich setzt er sich und blickt ironisch-fragenden Gesichts Kriton an. Kriton nähert sich ihm, zieht einen Schemel heran und beginnt wieder mit großer Eindringlichkeit, wenngleich noch immer fast flüsternd, zu sprechen.

KRITON: Begreifst du nicht, daß es für mich ein Unglück ist, wenn du stirbst? – Und außerdem, man wird es doch sehr merkwürdig finden, daß wir nicht Manns genug gewesen sein sollen, dich hier herauszuholen. Daß du selber nicht gewollt habest, das werden uns die Leute nicht abnehmen!

SOKRATES: »Die Leute«! Kriton, was kümmern uns denn »die Leute«?

KRITON: Aber du siehst doch nun, wie sehr man sich um sie kümmern muß! Sie können einem schlimme Dinge antun.

SOKRATES: Nein, das können sie nicht! Das Schlimmste jedenfalls, das einer...

Kriton springt auf und unterbricht ihn voller Ungeduld; er will jetzt keine theoretischen Erörterungen.

KRITON: Aber wir haben doch alles vorbereitet! In Thessalien habe ich Freunde, bei denen wirst du völlig sicher sein. Aber du kannst auch anderswohin gehen. Überall wirst du gern gesehen sein. *Er merkt, daß Sokrates unbeeindruckt bleibt, und setzt neu an:* Außerdem ist es einfach unrecht, finde ich, sich nicht zu retten, wenn man kann! Du tust ja genau das, was deine Feinde wollen. Aber deine Söhne? Die läßt du im Stich und gehst davon. – Dieser Prozeß – wie ist er denn geführt worden? Und nun zum Schluß noch diese Lächerlichkeit: deine Freunde bringen es nicht fertig, dich zu befreien.

Kriton wendet sich zornig ab. Auch Sokrates steht langsam auf; er geht, anscheinend doch ein wenig aus der Fassung gebracht, schweigend in der Zelle umher, während Kriton voller Spannung zu ihm hinüberblickt. Schließlich beginnt Sokrates, wieder abgewandten Gesichts, zögernd, aber sehr bestimmt, zu antworten.

SOKRATES: Deine Sorge um mich, lieber Kriton, ist schön und allen Dankes wert – vorausgesetzt, sie stimmt zusammen mit dem, was recht ist. Tut sie das nicht – ja, dann ist sie trotz allem sehr fragwürdig. Fast würde ich sagen: je tätiger, desto schlimmer! – Sollen wir also miteinander erwägen, ob ich wirklich so handeln soll oder ob ich nicht so handeln soll, wie du mir rätst?

Kriton setzt sich mit einem Gestus der Resignation an den Tisch, stützt das Kinn in die Hand und blickt schweigend an Sokrates vorbei. Sokrates setzt sich zu ihm und fährt mit freundlich zuredender Stimme fort.

Wie also steht es um unsere Überzeugungen, von denen wir so oft geredet haben? Waren sie nur richtig, so lange es dies Todesurteil noch nicht gab? Während es sich jetzt herausstellt, daß sie nur eine Art Unterhaltung waren? Eine Spielerei? Geschwätz? Und wir sind so alt geworden und haben das gar nicht gemerkt?

KRITON: Das sind doch alles Selbstverständlichkeiten!

SOKRATES: So gilt es also noch: »Das höchste Gut liegt nicht darin, daß man einfachhin am Leben bleibt, sondern darin, daß man ein gutes Leben lebt«?

KRITON: Ja! Natürlich, das gilt noch. Noch immer!

SOKRATES: Und wie ist es mit dem Unrecht-Tun? Ist es auf keinen Fall erlaubt? Oder kommt es auf die »Umstände« an? Gilt auch hier noch unser alter Spruch: »Man darf niemals unrecht tun«?

KRITON *immer mehr davon überzeugt, daß er die Partie*

schon verloren hat: Doch, dieser Spruch ist noch immer gültig.

SOKRATES: Also auch, wenn einem unrecht geschehen ist, darf man dennoch nicht selber unrecht tun?

KRITON *schon fast unbeteiligt und allzusehr »routinemäßig«:* Nein, man darf es nicht.

SOKRATES: Überleg es dir genau, Kriton. Wenn du es nicht wirklich so meinst, dann gib mir auch nicht recht! Ich weiß sehr gut, daß nur ganz wenige dieser Meinung sind – und dieser Meinung sein werden.

KRITON: Ich meine es wirklich so.

SOKRATES: Dann also weiter! Muß man Verträge halten?

KRITON: Ja, man muß.

SOKRATES: Und wenn ich jetzt mit dir gehe – brechen wir dann nicht einen Vertrag?

KRITON *zeigt sich plötzlich neu interessiert; er meint eine Möglichkeit zu sehen, Sokrates vielleicht doch noch zu überzeugen:* Ich verstehe deine Frage nicht. Wie meinst du das?

SOKRATES: Nehmen wir einmal an, wir würden wirklich von hier davonlaufen –

Kriton will gegen diesen Ausdruck protestieren, aber Sokrates fährt mit energisch-beschwichtigender Stimme fort

– davonlaufen oder wie man das sonst nennen will. Und nun träten uns die Gesetze in den Weg – die Gesetze der Stadt Athen und unsere Stadt selber. Stell dir vor, sie würden uns einige Fragen stellen. »Sag einmal, Sokrates, was hast du da im Sinn? Glaubst du, ein Staatswesen könne Bestand haben, wenn irgend jemand, ein einzelner, ein Gerichtsurteil außer Kraft setzen kann?« – Was sollen wir dann sagen? Sollen wir zur Antwort geben: Aber dieser Staat hat ja uns unrecht getan?

KRITON: Genau das werden wir sagen, natürlich!

SOKRATES: Aber die Gesetze würden erwidern: »Offenbar bist du doch mit uns und dem Staate sehr einverstanden gewesen! Niemals hast du die Stadt Athen verlassen, außer zu den Feldzügen. Nie hast du, wie sonst die Leute, eine Reise gemacht, anderswohin. Vor allem: Noch während der Gerichtsverhandlung stand es dir frei, die Verbannung zu beantragen! Du hättest also mit Zustimmung des Staates tun können, was du jetzt widerrechtlich tun willst. Aber damals hast du groß getan, als mache es dir gar nichts aus, zu sterben. Und nun schlägst du dir das alles aus dem Sinn, und willst dich, wie ein Sklave, heimlich fortstehlen, in irgendeiner lächerlichen Verkleidung? Und unsere Übereinkunft, nach welcher du hier als Bürger zu leben gelobt hast – die gilt auf einmal gar nichts mehr?«

Kriton ist aufgestanden und geht, resignierend und nachdenklich, ein paar Schritte auf die Tür zu. Sokrates kehrt er den Rücken. Nach längerem Schweigen tritt Sokrates zu ihm.

SOKRATES: Mein lieber Freund! Solche Fragen meine ich ständig zu hören! Und alles andere wird davon übertönt. – Übrigens, hast nicht du selber, du, Kriton, dich dafür verbürgt, daß ich hierbleiben werde? [4]

Kriton wendet sich wiederum, in schweigender Traurigkeit, ab und setzt sich, möglichst weit von Sokrates entfernt, auf einen Schemel. Sokrates blickt ihm nach und betrachtet ihn lange. Schließlich steht Kriton auf, umarmt den Sokrates und verläßt die Zelle.

Während man ihn nachdenklich und zögernd den langen Gang hinabwandern und schließlich sich zum Ausgang wenden sieht, setzt Phaidon, weiterhin unsichtbar, seinen Bericht fort. Der Gefängnisgang bleibt, nun im vollen

Tageslicht daliegend, im Blick; ab und zu sieht man in der Ferne einen Wärter.
PHAIDON: Kriton war etwas zu sicher gewesen. Und als sein Hauptargument – »die Tür ist offen!« – gar keinen Eindruck machte, gab er einfach auf. Zum Schluß, so sagte er, habe Sokrates ihn gefragt, ob er sonst noch Gründe vorzubringen habe, worauf er...
ECHEKRATES *lebhaft:* Das kann ich mir sehr genau vorstellen. Ich sehe Sokrates deutlich vor mir, wie er das sagt: »Nun, mein Lieber, hast du sonst noch etwas vorzubringen?« Dabei blickt er einem gerade ins Gesicht. Mit gütiger Ironie sozusagen. Und man steht da wie ein Schulknabe.
PHAIDON: Nun, Kriton läßt sich nicht so leicht einschüchtern. Er war einfach maßlos enttäuscht. Und so habe er geantwortet: Nein, ich habe alles gesagt!
ECHEKRATES: Und damit also war es endgültig aus?
PHAIDON: Ja. Wir alle waren wie vor den Kopf geschlagen. Dieser Mann! Bewundert haben wir ihn noch immer; aber verstanden haben wir ihn nicht. Keiner von uns hat diesen Tod für unvermeidlich gehalten – oder gar für sinnvoll. Zwar fanden wir diesen Starrsinn irgendwie großartig; aber Starrsinn blieb es eben doch. Sokrates wußte selber sehr gut, wie wir über ihn dachten. Er sagte es uns ganz unverblümt, als wir kamen, um von ihm Abschied zu nehmen.
Nach und nach tauchen im Gefängnisgang die Freunde auf; sie tragen zum Teil sommerliche Regenmäntel, von denen sie die Tropfen abschütteln; sie werfen sie nachher auf eine der leeren Pritschen. Einige haben den Rockkragen hochgestellt. Zuerst kommen Phaidon und Apollodor, begleitet von dem Wärter, der ihnen die Zelle aufschließt, selber aber draußen vor der Tür stehen bleibt. Nach einer Weile treten Simmias und Kebes vom Gefängnistor her in

den Gang. Ein zweiter Wärter zeigt ihnen die Richtung; währenddessen geht das Gespräch zwischen Phaidon und Echekrates weiter.
ECHEKRATES: Das war am letzten Tag?
PHAIDON: Ja. Übrigens hatte der Traum des Sokrates recht behalten: es war seit dem ergebnislosen Gespräch mit Kriton der dritte Tag! Das Schiff war tatsächlich nicht so früh zurückgekommen, wie man zuerst erwartet hatte.
ECHEKRATES: Worüber habt ihr gesprochen? Was sagte Sokrates? Und wer war dabei – außer dir? Kriton doch wohl auch?
PHAIDON: Kriton kam als letzter. Die ersten waren Apollodor und ich.
ECHEKRATES: Apollodor! Den Namen kenne ich natürlich. Das ist doch der »Verrückte«?
PHAIDON: Ja, so nennen ihn einige [5]; ich übrigens nicht. Er ist etwas überschwenglich, er liebt die gefühlvolle Übertreibung, ja. Und natürlich zeigte sich das gerade jetzt; es war manchmal schwer zu ertragen. Dennoch, ich mag ihn; er ist ohne Falsch.
ECHEKRATES: Nun, ich habe nichts gegen ihn!
PHAIDON: Zum Glück waren auch die beiden Thebaner gekommen, Simmias und Kebes. Sokrates hatte immer viel Spaß an ihrer unglaublichen Debattierlust. Sogar an diesem Tage war sie nicht zu bändigen. Das Streiten dauerte fast bis zum Abend.
ECHEKRATES: Und worum ging es? Erzähle!
PHAIDON: Zuerst wollte das Gespräch überhaupt nicht in Gang kommen. Es war ein unfreundlicher Tag, außerdem. Es regnete in Strömen. Unsere Kleider waren durchnäßt.
Man sieht jetzt die Zelle des Sokrates. Er sitzt mit angezogenen Knien auf seiner Pritsche. Phaidon ist bereits

da; er sitzt auf dem Schemel neben Sokrates. Apollodor steht hilflos herum. Simmias und Kebes begrüßen schweigend, durch Handschlag oder Umarmung – den Sokrates. Man rückt eine Pritsche etwas näher heran; Simmias setzt sich darauf, während Kebes an den Tisch mit Manuskripten tritt. Inzwischen fährt Phaidon in seinem Bericht fort.

PHAIDON: Vor allem waren wir selber, wie du dir denken kannst, in einer merkwürdigen Verfassung. Da saß Sokrates vor uns – ganz ruhig, fast heiter. Und wir wußten doch, daß er am Abend tot sein würde. Trotzdem – ich kann natürlich nur für mich selber sprechen, aber ich glaube, niemand von uns war wirklich traurig, seltsamerweise. Obwohl uns immer wieder einmal die Tränen kamen. Apollodor allerdings war völlig außer sich; es ist ihm all die Zeit über nicht gelungen, ein einziges Wort hervorzubringen. – Wir standen also zuerst ziemlich ratlos umher. Worüber sollte man auch reden! Sokrates machte es uns nicht leichter, mit seinen etwas belustigt fragenden Augen. Und als endlich, in seiner leicht thebanischen Redeweise[6] Kebes das Schweigen brach, atmeten alle auf. Er selbst schien richtig froh zu sein, daß ihm diese komische Figur Eúenos eingefallen war, der dichtende Modephilosoph, über den Sokrates sich vor Gericht schon gleichfalls lustig gemacht hatte.[7]

Sokrates blickt in die Runde, kopfnickend und nachdenklich, jedoch mit einer gewissen Heiterkeit. Kebes, der die Bücher und Papiere betrachtet hat, wendet sich zu Sokrates um, ein paar Manuskriptseiten in der Hand.

KEBES: Daß du nun plötzlich Verse schreibst! Darüber hat sich schon mancher gewundert. Kürzlich hat mich noch Eúenos danach gefragt, du habest so etwas doch sonst immer weit von dir gewiesen.

Auf die Nennung des Namens Eúenos reagieren alle mit ironisch belustigtem Lachen. Auch Sokrates lacht kurz auf und unterbricht Kebes.

SOKRATES: Ach Eúenos! Beruhige ihn nur; sag ihm, ich hätte jedenfalls nicht im Sinn, mit seinen Gedichten zu konkurrieren. Von mir hat er nichts zu befürchten.
Man lacht wieder etwas gezwungen; aber die gedrückte Stimmung will nicht weichen. Sokrates selbst wird plötzlich wieder ernst.
Also, grüße mir den Eúenos! Und sage ihm: Wenn er weise sei, dann werde er mir bald folgen – an jenen Ort, wohin ich gehen werde, und zwar, soviel man sieht, noch heute. Weil die Athener es so wollen.

KEBES *legt das Manuskript auf den Tisch zurück und spricht zuerst mehr für sich:* Eúenos! Der wird sich schönstens bedanken. Er denkt nicht daran!

SOKRATES *listig-ironisch:* Ist er also doch kein Philosoph?

KEBES: Und ein Philosoph, das ist, nach deiner Meinung, einer, der zu sterben wünscht? Was soll das heißen? – Übrigens finde ich das seltsam: Der Tod soll etwas Gutes sein, aber nehmen darf man sich dieses Gut dennoch nicht. Aus welchem Grunde eigentlich nicht?

SOKRATES: Ja, das ist eine Frage, auf die ich auch keine rechte Antwort weiß, jedenfalls nicht aus eigenem. Auf Grund von Hören freilich kenne ich wohl eine Antwort. Ich will sie euch nicht vorenthalten, falls ihr sie wissen wollt.

KEBES: Ja, daß man sich den Tod nicht selber geben darf – das habe ich auch schon viele Male sagen hören. Aber: warum nicht? Darüber ist mir noch nie etwas Einleuchtendes zu Ohren gekommen.

SOKRATES: Es ist in der Tat schwer zu begreifen, daß es einem nicht erlaubt sein soll, sich selber eine Wohltat zu erweisen; daß man vielmehr soll warten müssen auf jemand anders, auf einen anderen Wohltäter.

KEBES: Eben das meine ich.

SOKRATES: Die Antwort, von der ich sprach, stammt aus den Mysterien; und sie scheint mir sehr bedenkenswert. Die Antwort lautet so: Wir Menschen sind eine von den Herden der Götter, die Götter aber unsere Hüter. Und aus diesem Grunde dürfen wir uns nicht selber davonmachen. Wir müssen warten, bis die Götter es verfügen – so wie jetzt, bei mir. – Das klingt vielleicht doch nicht so ungereimt?

KEBES: Nein. Aber dann ist es doch erst recht ungereimt, daß die Weisen darauf aus sein sollen, zu sterben. Warum sollten sie denn wohl wünschen, die Herde der Götter zu verlassen?

SOKRATES *der dieses Argument mit dem Ausdruck bewundernden Respekts und mit sichtlichem Vergnügen angehört hat:* Dieser Kebes! Immer spürt er doch Gegengründe auf! Und ihn zu überzeugen ist gar nicht so leicht!

SIMMIAS: Diesmal hat er aber recht, finde ich. Was für einen Grund könnte es geben, weswegen ein weiser Mann seine göttlichen Hüter sollte verlassen wollen? Sie sind ja weit besser als er selbst! *Er blickt freundlich-herausfordernd den Sokrates an.* Wir reden jetzt von dir, Sokrates! Du bist gemeint! Daß du es so leicht nimmst, uns zu verlassen!

SOKRATES *sieht fragend und verwundert Simmias und Kebes nacheinander an, dann nach einem tiefen Seufzer:* Also gut! Ich werde versuchen, mich vor euch zu verteidigen. Oder gegen euch? Gegen meine Freunde! Gut. Hoffentlich habe ich bei euch mehr Erfolg als bei meinen Richtern.

Er blickt eine Zeitlang schweigend vor sich hin; dann setzt er, betont vorsichtig und genau formulierend, neu an.

Allerdings, ich hätte nicht recht, mit Zuversicht in den Tod zu gehen, wenn ich nicht völlig sicher wäre, daß auch drüben Götter sind. Und überhaupt... daß es drüben... etwas gibt für die Toten; daß ihnen dort etwas bereitet ist. Aber davon bin ich überzeugt: Es erwarten uns, auf der anderen Seite des Todes, die größten Güter. Und darum sind die wahrhaft Philosophierenden im Grunde auf gar nichts anderes aus als darauf, zu sterben. *Simmias kann einem Lachreiz nicht widerstehen, wofür er sich sogleich entschuldigt.*

SIMMIAS: Es ist mir, weiß Gott, nicht nach Lachen zumute. Aber ich mußte an die Leute denken – was sie wohl sagen würden, wenn sie so etwas hörten. Sie würden wahrscheinlich sagen: Ja, das wissen wir schon längst, daß die Philosophen den Tod verdienen!

SOKRATES *ernst, aber nicht tadelnd:* Die Leute wissen gar nichts – weder daß die Philosophierenden sich nach dem Tode sehnen noch daß sie ihn verdienen noch was für einen Tod! – Aber lassen wir doch die Leute aus dem Spiel.
Was heißt denn »Tod«? Und was wünscht sich der Philosophierende? »Tod« – damit meinen wir doch die Trennung von Leib und Seele?

SIMMIAS: Natürlich – was sonst?

SOKRATES: Und der Philosophierende? Kümmert er sich viel um die sogenannten »Annehmlichkeiten des Lebens«? Um Essen und Trinken, um sinnlichen Genuß, um Kleider, um Schmuck – oder um sonst etwas dieser Art? *Er blickt dem Simmias ins Gesicht; der schüttelt verneinend den Kopf.*
Aber die Leute, die Vielen, sind sie nicht der Meinung, daß man überhaupt nicht wirklich »lebt«, wenn man sich aus alledem nichts macht? Daß man dann eigentlich schon so gut wie tot ist?

SIMMIAS: Das stimmt. Das sagte ich ja!
SOKRATES *der zu diesem Thema nicht zurück will:* Weiter! Schönheit, Gerechtigkeit, Größe, das Wesen der Dinge – hast du eines davon jemals mit deinen leiblichen Augen gesehen?
SIMMIAS: Nein.
SOKRATES: Oder hast du es sonst mit einem der Sinne des Leibes wahrgenommen?
SIMMIAS: Erst recht nicht.
SOKRATES: Muß man, um zu solcher Erkenntnis zu kommen – muß man sich nicht, im Gegenteil, gerade von allem Sinnlichen und Körperlichen soviel wie möglich abkehren, sich davon lösen?
SIMMIAS: Ja.
SOKRATES: Aber diese Loslösung und Abkehr vom Leibe, diese »Trennung« – ist das nicht schon beinahe Tod? Und folglich das... reine Erkennen so etwas wie ein Hinweggeführtwerden durch die Todesgöttin? Warum denn aber, da wir doch das wahrhaft Wirkliche erkennen wollen – warum dann sich wehren und sich sträuben, wenn wirklich der Tod uns ankommt?
Ah, da ist auch Kriton! Sei mir gegrüßt.
Kriton tritt rasch ein. Er begrüßt Sokrates durch Handschlag und legt eine Hand auf seine Schulter.
Das ist gut! Du grollst mir also nicht?
KRITON *mit leichthin abwehrender Geste:* Ach was, grollen!
Kriton geht bald zur Tür zurück. Ab und zu wendet er sich, um mit dem Wärter draußen zu sprechen.
SOKRATES *wieder zu Simmias gewendet:* Dies etwa könnte ich zu meiner Verteidigung vorbringen. Wollt ihr das gelten lassen, Simmias und Kebes? Oder wie ist das?
KEBES: Alles, was du da zuletzt gesagt hast, Sokrates, scheint mir richtig zu sein – bis auf einen Punkt. Jedenfalls

muß es, meine ich, erst noch bewiesen werden, daß die Seele in dem Augenblicke, da sie den Leib verläßt, nicht einfach vergeht – wie ein Lufthauch oder wie Rauch. Ja, wenn sie wirklich noch Dasein besäße, ganz für sich selbst – dann... könnte man vieles Herrliche erhoffen. Aber: wie steht es um die Argumente?

SOKRATES: Du hast völlig recht, Kebes. – Aber was sollen wir jetzt tun? Weiter diskutieren – oder hiermit die Sache gut sein lassen?

Sokrates, Simmias und Kebes blicken sich nach den anderen um.

KEBES: Aber nein! Ich jedenfalls möchte sehr gern wissen, wie du hierüber denkst.

SOKRATES: Gut. Wenn ihr wollt... Aber was ist es denn, das Kriton mir all die Zeit sagen will?

Kriton hat bereits einmal einen Schritt auf Sokrates zu getan, in der offenkundigen Absicht, ihm etwas mitzuteilen. Doch scheut er sich, das Gespräch zu unterbrechen. Er lehnt jetzt wieder, die Hände auf dem Rücken, am Türpfosten. Auf die Frage des Sokrates weist er mit dem Kopf auf den Gang hinaus und antwortet dann mit einer etwas angestrengten Beiläufigkeit.

KRITON: Ach, der Wärter draußen macht sich wichtig. Er sagt mir immer wieder, du sollest möglichst wenig reden. Es hat etwas zu tun mit der Wirkung dieses... Getränks. Sonst müßtest du es vielleicht zweimal trinken oder sogar dreimal.

SOKRATES: Sag ihm, er soll sich um sein Geschäft kümmern! Soll er mir doch den Becher zweimal geben; wenn es sein muß, auch dreimal.

KRITON: Das hätte ich beinahe zum voraus gewußt. Aber er ließ mir keine Ruhe.

SOKRATES *wendet sich mit einer abschließenden Gebärde*

wieder Simmias und Kebes zu: Also. Wie steht es um die Seelen der Toten? Wo eigentlich befinden sie sich?
Er macht eine Pause und setzt neu an. Das jetzt Folgende ist im Tonfall des bloßen Zitierens gesagt; es wird deutlich, daß Sokrates selbst sich auf den Gedanken gar nicht einläßt.
Es gibt da die alte Rede, daß die Seelen nicht allein nach drüben hingehen, sondern auch von dort herkommen, aus dem Totenreich wieder ins Leben. Träfe das zu, dann müßte ja unsere Seele drüben ein Dasein haben. Allerdings, wenn es nicht zutrifft...

KEBES *der schon mehrmals etwas hat sagen wollen, unterbricht jetzt den Sokrates:* Aber auch was du selber immer wieder sagst – daß nämlich Lernen eigentlich nichts anderes sei als ein Sich-Erinnern: auch damit ist doch behauptet, daß wir schon vorher, vor diesem Leben, etwas erfahren haben müssen, eben das, woran wir uns dann erinnern!

SIMMIAS: Aber läßt sich das beweisen?

KEBES: Es gibt folgendes Argument, und es ist gar nicht schlecht, scheint mir: Du brauchst die Menschen nur richtig zu befragen, über Dinge, versteht sich, die sie nicht schon kennen, zum Beispiel in der Mathematik; du bringst es ihnen gar nicht bei, sondern du fragst nur, und siehe da – sie geben die richtige Antwort selbst! Also wußten sie es doch schon, auf irgendeine Weise. Sie hatten es nur vergessen.

SOKRATES *zu Simmias:* Du hast offenbar deine Zweifel: Lernen soll nichts sein als Sich-Erinnern...?

SIMMIAS *lachend:* Nein, ich zweifle eigentlich gar nicht. Nur... ich kann mich nicht recht erinnern!

SOKRATES *nach kurzem Lachen wieder ernst:* Aber darüber sind wir doch einer Meinung: von Erinnerung redet man nicht, außer wenn einer schon vorher irgendwelche Kenntnis gehabt hat?

SIMMIAS: Natürlich nicht, das ist klar.

SOKRATES: Gut. Wir sehen zwei Stücke Holz oder zwei Steine. Und wir sagen: sie sind »gleich« groß; oder: sie haben die »gleiche« Farbe. Wissen wir nicht schon, was »gleich« bedeutet – bevor wir irgend etwas mit den Augen sehen?

SIMMIAS: Ja, so scheint es zu sein.

SOKRATES: Also: ehe wir anfingen, zu sehen und zu hören, und das heißt: ehe wir geboren wurden, haben wir schon erkannt, was Gleichheit ist, aber auch, was Schönheit ist, Gutheit, Gerechtigkeit – und so fort!

Simmias nickt.

Dann muß also die Seele schon ein Dasein gehabt haben – vor der Geburt! Ein nicht-körperliches, ein geistiges Sein.

SIMMIAS: Ich wüßte nicht, was ich hiergegen vorbringen könnte.

SOKRATES: Und was sagt Kebes?

KEBES: Ich sage: die eine Hälfte ist klar; aber eben nur die Hälfte. Vor der Geburt hat unsere Seele bereits existiert. Aber: wie ist es nachher, nach dem Tode? Hier jedenfalls ist noch nichts bewiesen.

Simmias nickt dem Kebes beipflichtend zu.

SOKRATES *lächelnd:* Es scheint, ihr fürchtet euch also doch etwas, daß vielleicht der Wind die Seele, sobald sie aus dem Haus des Leibes tritt, hinwegblasen könnte?

KEBES *zuerst lachend, dann aber ernst:* Argumentiere du nur so, wie wenn wir uns wirklich fürchteten. – Aber: vielleicht sollte ich gar nicht sagen: »wie wenn«. Vielleicht ist wirklich ein Kind in uns, das sich fürchtet. Und wir müssen versuchen, ihm die Furcht zu nehmen.

SOKRATES: Also gut! Die Frage lautet so: Was für Dingen kann es denn überhaupt widerfahren, daß sie sich auflösen und verflüchtigen?
Er blickt Simmias und Kebes an; die aber schweigen.
Kann das Einfache sich auflösen – oder nur, was zusammengesetzt ist?
KEBES: Offenbar nur das Zusammengesetzte, also nicht das Einfache.
SOKRATES: Weiter. Kann man sagen: Was sich immer gleichbleibt, das ist wahrscheinlich auch einfach? Was sich aber verändert, das ist zusammengesetzt?
KEBES *zögernd:* So wenigstens scheint es.
SOKRATES: Noch ein Schritt: Ist nicht die Seele am meisten dem verwandt, was sich gleichbleibt, dem Einfachen, Unvergänglichen, dem Körperlosen, Unsterblichen, Göttlichen – der Leib aber am meisten dem, was veränderlich ist und vergänglich und sterblich? Oder läßt sich dagegen etwas einwenden?
KEBES *wiederum zögernd:* Anscheinend: nein.
Sokrates steht auf, tritt in seine Schuhe und geht, in Gedanken versunken, ein paar Schritte auf und ab. Dann bleibt er an dem Tisch stehen und ordnet, offenbar an etwas anderes denkend, die Papiere. Auch Simmias und Kebes haben sich erhoben; sie gehen in den entgegengesetzten Winkel der Zelle und stecken flüsternd die Köpfe zusammen. Sokrates wird auf sie aufmerksam, blickt sich über die Schulter nach ihnen um.
SOKRATES: Habt ihr doch noch etwas gefunden? Natürlich, wenn man alles genau bedenkt, läßt sich noch eine Menge sagen!
Simmias und Kebes sind etwas verlegen geworden und schweigen. Sokrates fährt wohlgelaunt fort:
Oder redet ihr von etwas ganz anderem? Jedenfalls, wenn

euch neue Zweifel gekommen sind, dann laßt mich daran teilnehmen. Damit ich euch helfe – falls ihr euch so etwas von mir versprecht.
Simmias blickt Kebes an und tritt dann, als fasse er sich ein Herz, auf Sokrates zu.
SIMMIAS: Es ist wahr: wir haben tatsächlich noch Einwände, jeder von uns einen anderen. Aber ... eigentlich wollten wir nicht mehr davon reden. *Er spricht zögernd und unsicher, besorgt, das richtige Wort zu finden.* Wir wollen dich... nicht beunruhigen... in dieser schlimmen Situation. Vielleicht betrübt es dich nur...
Sokrates nickt lächelnd, als habe er etwas bestätigt bekommen. Dann wendet er sich voll dem Simmias zu.
SOKRATES: O weh! Simmias! Das ist aber schlimm, was du da sagst! Sehr schlimm sogar! Wenn ich nicht einmal euch überzeugen kann! Wie soll ich es dann erst den anderen klarmachen, den »Leuten«, daß ich meine Situation gar nicht für »schlimm« halte! Denkt ihr von mir so gering? Die Schwäne, wenn sie den Tod nahe fühlen – die Schwäne singen! Aus Freude! Darüber, daß sie nun zu dem Gotte kommen sollen, dessen Diener sie sind. Die Menschen allerdings, in ihrer Todesfurcht, sagen auch von den Schwänen, ihr Lied sei ein Klagegesang – als sänge irgendein Vogel, wenn ihn hungert oder friert oder wenn ihm sonst nicht wohl ist! Nein, die Schwäne singen, weil Apollon sie das Glück des Hades ahnen läßt. Zu dieses gleichen Gottes Dienerschaft gehöre aber auch ich. Und auch mir hat er Seherkraft geschenkt. Ich bin nicht weniger glücklich als die Schwäne, dieses Leben zu verlassen. Also! Redet und fragt, was euch notwendig dünkt und solange ihr wollt – oder: solange die Athener es erlauben!
Sokrates hat dies letzte, die Hände rückwärts auf den Tisch gestützt, mit großem Ernst gesagt. Nun lächelt er

dem Simmias freundlich zu. Als die beiden beharrlich schweigen, wendet Sokrates sich noch einmal ausdrücklich ihnen zu.

Also, was habt ihr für Bedenken?

SIMMIAS *zuerst stockend und sichtlich verlegen:* Könnte man nicht, so frage ich mich, etwas ganz Ähnliches wie von der Seele und dem Leibe auch von der Melodie sagen und von der Leier? Die Musik, die Harmonie, die Melodie – all das ist unkörperlich, herrlich, göttlich; während die Leier und die Saiten körperliche Dinge sind, zusammengesetzt, irdisch, sterblich. Du selber hast es manchmal gesagt: unser Leib sei wie die Leier und die Seele so etwas wie Melodie und Harmonie. Nun aber: wenn einer die Leier zerbricht und die Saiten zerreißt – vergeht dann nicht auch die Musik? Also die Seele? Und sei sie noch so »göttlich«?

Sokrates blickt vor sich hin. Dann nickt er dem Simmias respektvoll zu.

SOKRATES: Das kann sich durchaus hören lassen! Wie ist es – weiß einer von euch eine Antwort darauf?

Er blickt sie alle der Reihe nach an. Alle schweigen und sind offenbar ratlos.

Wir müssen also Zeit gewinnen. Und vielleicht sollte zuerst Kebes uns gleichfalls sein Bedenken sagen?

KEBES: Ja, ich habe einige Zweifel, ob wir bislang überhaupt einen Schritt vom Fleck gekommen sind. Die Seele vor diesem Leben bereits existierend – das leuchtet mir völlig ein. Auch daß sie, im Vergleich mit dem Leibe, das Mächtigere ist und »an sich« das Dauerndere – auch daran zweifle ich nicht im geringsten. Aber – ja, ich muß es genau wie Simmias mit einem Bilde sagen. Der Mensch ist sicherlich etwas Größeres und Edleres als das Kleid, das er trägt. Und man kann auch sagen: der Mensch lebt länger als das Kleid; er verbraucht in seinem Leben viele Kleider. Aber das letzte Kleid, obwohl viel geringer als der Mensch – überlebt es ihn nicht dennoch? Ich meine: ja. So mag auch die Seele sehr wohl das Edlere sein; sie mag durch viele Leiber wandern und sie verschleißen wie Gewänder. Aber woher weiß ich, ob sie nicht doch, ganz zuletzt, gleichfalls vergeht?

Sokrates nickt mehrmals nachdenklich. Dann wendet er sich wiederum den auf dem Tisch liegenden Papieren zu, in denen er blättert. Schließlich geht er langsam zu seiner Pritsche zurück und setzt sich. Er legt den Arm um Phaidons Schulter und greift ihm dann in das lange Haar.

Währenddessen hört man Echekrates und Phaidon, die aber unsichtbar bleiben.

ECHEKRATES *anfänglich flüsternd, dann zum gewöhnlichen Gesprächston übergehend:* Man ist selber ganz dabei! – Was sagt nun Sokrates? Beginnt alles wieder von vorn? Aber hat es überhaupt Sinn? Ich finde, sie haben allesamt recht.

PHAIDON: Genauso dachte ich auch. Ich war ziemlich verzweifelt; bis dahin schien alles so herrlich klar! – Aber auch die anderen – wir haben nachher darüber gesprochen –, es gab unter uns niemanden, der nicht überzeugt gewesen wäre, daß mit Argumenten überhaupt nicht weiterzukommen sei, nicht bei diesem Thema.

ECHEKRATES: Und Sokrates?

PHAIDON: Sokrates war wunderbar. Selten habe ich ihn so hinreißend gefunden. Natürlich hatte er uns sogleich durchschaut. Er wußte, daß wir dabei waren, zu kapitulieren. Aber er hat uns, wie einen Haufen flüchtender Soldaten, zurückgeholt. Und es ist kaum zu glauben: wir faßten wieder Mut.

ECHEKRATES: Und wie hat er das fertiggebracht?
PHAIDON *wieder flüsternd:* Hör zu!

SOKRATES: Morgen also wirst du dir diesen schönen Schopf abscheren lassen?
PHAIDON *betroffen und traurig:* Ja, Sokrates; sehr wahrscheinlich.
SOKRATES: Nein, das wirst du nicht tun, wenn du auf mich hörst!
PHAIDON: Wieso denn nicht?
SOKRATES *mit gespieltem Ernst:* Weil es heute noch sein muß! Und auch ich werde mein Haar scheren lassen, noch heute – wenn uns nämlich hier der Logos stirbt, unser Streitgespräch, die Argumentation! Wenn wir sie jetzt nicht wieder zum Leben erwecken – ja, dann würde ich, an deiner Stelle, sogar – wie die alten Argiver – einen Schwur tun, mir das Haar nicht früher wieder wachsen zu lassen, bis ich sie besiegt hätte, alle beide, Simmias und Kebes.

Phaidon, der zuerst nicht wußte, wie er daran war, nimmt erleichtert den Scherz des Sokrates auf und spielt mit.

PHAIDON: Ich – einer gegen zwei? Das hat ja nicht einmal Herakles vermocht!
SOKRATES: Nun, dann mußt du mich zu Hilfe rufen! Solange noch die Sonne scheint.
PHAIDON: Also gut: ich rufe dich!
SOKRATES *zwar noch immer zu Phaidon gewendet, aber offenbar auch die andern meinend, die immer aufmerksamer hinhören:* Das erste ist dies: Wir müssen auf der Hut sein, daß uns nicht etwas Bestimmtes passiert, etwas sehr Gefährliches.
PHAIDON *unsicher, da er nicht weiß, ob das Spiel noch weitergeht:* Nämlich? Ich meine: was gibt es da für eine Gefahr?

SOKRATES: Wir müssen uns hüten, daß wir nicht Verächter des Wortes werden.
Phaidon macht ein fragendes, nichts begreifendes Gesicht. Es gibt doch auch Menschenverächter, Menschenfeinde. Übrigens stammt beides aus der gleichen Wurzel. Menschenverachtung kommt so zustande: Zuerst vertraut man ins Blaue hinein; jeder Beliebige, der einem gerade gefällt, ist schon ein »prächtiger Mensch«. Bis man dann ein paarmal gründlich enttäuscht wird – und plötzlich gibt es niemanden mehr auf der Welt, der überhaupt noch etwas taugt. – Hast du diese Beobachtung nie gemacht?
Phaidon nickt etwas vag und unsicher.
Wer aber die Menschen wirklich kennt, der weiß, daß immer nur wenige durch und durch schlecht sind, und daß es auch nur sehr wenige gibt, von denen man sagen kann, sie seien ganz und gar gut.
PHAIDON *naiv ungläubig:* Wirklich?
SOKRATES: Überall ist es so! Ganz gleich, ob es sich um Farbe handelt oder um Größe oder um Geschwindigkeit: Immer ist das Äußerste selten, und immer ist das Mittlere weitaus in der Überzahl. – Aber du bringst mich hier auf ein falsches Gleis; ich wollte ja von denen sprechen, die das Wort hassen. Zuerst findet man unterschiedslos alles richtig, was man hört, wenn es nur gut gesagt ist. Dann aber merkt man, natürlich, daß mancherlei durchaus nicht stimmt. Und auf einmal ist es soweit: man ist fest überzeugt [und kommt sich selber dabei über die Maßen weise vor], daß es rein gar nichts gebe, worauf man sich verlassen kann, absolut nichts, weder in den Dingen noch in den Worten. – Bist du nie solchen Leuten begegnet?
PHAIDON: O ja. Ich kenne sie sogar sehr genau.

SOKRATES: Also! Das ist es, wovor wir uns hüten müssen. Wir werden nicht blindlings allem trauen, was man sagt; aber erst recht werden wir niemals glauben, in den Worten sei überhaupt kein Halt. *Von nun an spricht Sokrates immer deutlicher zu Simmias und Kebes hin.* Wenn es also, wie ich überzeugt bin, wirklich eine stichhaltige Argumentation gibt, dann wäre es wahrhaftig schlimm, nicht teilzuhaben an ihrer Wahrheit.
Zwar werde ja ich selbst, falls meine Argumente für die Unsterblichkeit wirklich unzutreffend sein sollten, nicht mehr lange im Irrtum bleiben. Aber das kann uns nicht von der weiteren Untersuchung entbinden. Leistet mir also nur ja Widerstand, wenn ihr findet, daß ich unrecht habe, und laßt euch nicht verführen durch meine Hartnäckigkeit. Am Ende betrüge ich wirklich mich selbst – und euch dazu. Und fliege dann davon und lasse, wie die Biene, den Stachel in euch zurück. Nein, wenn ihr auf mich hören wollt, dann kümmert euch nicht um Sokrates, kümmert euch um die Wahrheit!
Wie steht es also, Simmias und Kebes? Lehnt ihr alles ab, was ich bisher gesagt habe, oder laßt ihr einiges gelten?
KEBES: Doch! Zum Beispiel das Argument für die Voraus-Existenz der Seele. Es hat mich völlig überzeugt.
SIMMIAS: Mich auch! Lernen heißt Sich-Erinnern, und also hat die Seele schon vor diesem Leben etwas erkannt: das ist für mich ein ganz unanzweifelbarer Satz.
SOKRATES: Und doch wirst du ihn aufgeben müssen – falls du dabei bleibst, daß der Leib die Leier sei und die Seele die Musik!
SIMMIAS: Das sehe ich nicht ein!
SOKRATES: Simmias! Wenn es nachher keine Melodie gibt, nachdem die Leier zerstört ist, wie kann es sie dann vorher geben, bevor da eine Leier ist?

Simmias schlägt sich vor den Kopf.
Du mußt also wählen. Entweder: Lernen ist Wieder-Erinnerung; oder: die Seele ist Melodie.
SIMMIAS: Ich wähle das erste. Das andere aber – ach, es schien mir ein so glänzendes Argument zu sein...
SOKRATES *ihn unterbrechend:* ...während es in Wirklichkeit zu gar nichts taugt. Übrigens aus mehreren Gründen nicht! Zum Beispiel: Kann wohl eine Melodie herrschen über die Leier, aus der sie hervorkommt? Die Seele aber – sie herrscht sehr wohl über den Leib, beherrscht ihn, formt ihn, nimmt ihn in Zucht – und so fort.
SIMMIAS *weiter über sich selbst den Kopf schüttelnd:* Ja! Ja! Natürlich!
SOKRATES *zu Kebes gewendet:* Wie aber steht es nun mit dem anderen Argument?
KEBES: Nachdem du den Simmias so unglaublich rasch erledigt hast, wirst du, vermute ich, um eine Antwort auch jetzt nicht verlegen sein. Wirklich, ich hatte das nicht erwartet; sein Einwand schien mir fast unwiderlegbar. – Und nun bin ich an der Reihe.
SOKRATES: Pst! Kebes, nicht so große Worte! Dann gelingt es vielleicht gerade nicht. Nein, wir müssen redlich miteinander fechten – wie die Krieger bei Homer. Es hat nämlich durchaus Gewicht, was du da gesagt hast: es genüge nicht, zu zeigen, daß die Seele von lange her gewesen ist; man müsse auch beweisen, daß sie in Zukunft nicht vergehen wird – sonst könne man nicht mit Zuversicht in den Tod gehen. So lautet doch dein Einwand, nicht?
KEBES: Ja, genau so.
Sokrates blickt eine Zeitlang nachdenklich vor sich hin; dann beginnt er zögernd.
SOKRATES: Wir müssen uns also klarzumachen suchen... ja, wodurch – überhaupt! – etwas entsteht und wodurch es

vergeht... Soll ich dir erzählen, wie es mir selbst ergangen ist mit dieser Sache?

KEBES *lebhaft zustimmend:* Ja, das würden wir sehr gern hören!

Sokrates zieht die Beine auf die Pritsche, umfaßt mit den Händen die Knie und lehnt den Kopf hintenüber an die Wand.

SOKRATES: Als ich jung war, zog es mich mächtig zu dem, was man jetzt die Naturkunde nennt. Ich habe mich richtig abgequält mit solchen Fragen: Entsteht wirklich, wie einige behaupten, aus der Fäulnis Leben? Ist es das Blut, womit wir denken, oder das Gehirn? Kommt Urteil und Wissen aus dem Sehen, dem Hören, dem Riechen? Und wodurch vergeht dies alles wieder? – Aber schließlich wurde mir klar: Das Ganze führte zu gar nichts. Und ich kam mir selber ganz dumm und unnütz vor.

Dann, eines Tages, hörte ich jemanden laut lesen; in einem Buch des Anaxagoras, so sagte man mir. Dort nun hieß es: Aller Dinge Ursache ist der Geist, die Vernunft! Das leuchtete mir sofort ein. Und ich war begeistert, endlich einen Lehrer nach meinem Sinn gefunden zu haben. So las ich unverzüglich alles, was ich von den Schriften dieses Mannes nur bekommen konnte. Aber meine Erwartung, die so hoch gespannt gewesen war, wurde tief enttäuscht. Im weiteren nämlich redete er gar nicht mehr von der Vernunft; sondern doch nur wieder von der Luft und vom Wasser! Wie wenn einer zwar damit begänne, zu sagen: Sokrates tut alles, was er tut, auf Grund von Vernunft – aber dann, sobald es zum einzelnen käme, wäre nur von Knochen die Rede, von Muskeln, Sehnen, Gelenken; die seien die Ursache davon, daß ich hier sitze, mit hochgezogenen Knien...

Er steht auf, geht auf und ab und bleibt vor Kriton stehen, den er bei den folgenden Worten bedeutungsvoll und etwas verschmitzt ansieht.
Während doch, weiß Gott, diese Knochen längst in Megara wären oder... in Thessalien, wenn nicht die Vernunft, die Einsicht mich dazu bestimmt hätte, nicht zu fliehen, sondern zu bleiben. Man muß also offenbar unterscheiden können – zwischen der wahren, eigentlichen Ursache und den Bedingungen, unter denen sie wirkt.
Um aber etwas zu erfahren über jene letzte und wahre Ursache – von allem, was ist –, wäre ich damals mit Freuden bei jedermann in die Lehre gegangen. Diese Hoffnung jedoch hat sich dann als nicht erfüllbar erwiesen! Weder war ich selber imstande, die Wahrheit herauszufinden, noch konnte ich sie bei irgend jemand sonst erfahren...

KEBES *ungläubig und erstaunt:* Aber... was ist denn heute deine Meinung?

SOKRATES: Ich habe überhaupt keine Meinung! Jedenfalls bilde ich mir nicht länger ein, den wahren Grund von irgend etwas zu kennen; und mit all den hochgelehrten »Gründen« und »Ursachen« weiß ich nichts mehr anzufangen. Mir scheint, man sollte nur mit äußerster Vorsicht darangehen, die Dinge, wie sie in sich selber sind, zu betrachten. Es könnte einem sonst ergehen wie denen, die in die Sonne schauen – und erblinden.
Das Eigentliche also, das Beste, das Erste ist, glaube ich, nicht zu erjagen. Aber... etwas Zweitbestes glaube ich dennoch sehr wohl gefunden zu haben. Soll ich auch davon erzählen? Oder werdet ihr ungeduldig?

KEBES: Aber nein! Ich brenne darauf, es zu hören!

SOKRATES *listig lächelnd:* Im Grunde ist es aber gar nichts Neues, worauf ich jetzt hinaus will. Wieder einmal ist es

genau das, wovon ich ohnehin unaufhörlich rede. Vielleicht bin ich wirklich etwas einfältig. Aber ich halte mich daran, daß zum Beispiel die schönen Dinge »dadurch« schön sind, daß sie Anteil und Gemeinschaft haben an dem Ur-Schönen selbst. Das ist der »Grund« und die »Ursache« ihres Schönseins, meine ich. Und von allem anderen verstehe ich nichts.
Aber ich habe einige Hoffnung, dir sogar die Unsterblichkeit der Seele einleuchtend machen zu können – vorausgesetzt, du gestehst mir zu, daß es wirklich so etwas gibt wie das Ur-Schöne, das Gute an sich und so fort.

KEBES: Du weißt doch, daß ich dir das zugestehe! Aber nun bin ich gespannt.

SOKRATES: Sind wir uns aber auch darüber einig, daß keines von diesen je sich zum Gegenteil verändern kann oder darin umschlagen? Die schönen Dinge können häßlich werden und die kleinen groß. Nicht aber das Schöne selbst; es bleibt sich immer gleich; ebenso das »Kleine an sich« – und so weiter. Ist das klar?

KEBES: Auch darüber sind wir einer Meinung, durchaus!

SOKRATES: Dennoch, es gibt bestimmte Dinge, konkret existierende Dinge, die nichtsdestoweniger... *Er zögert und stockt.*

KEBES *nach einem kurzen Schweigen:* ... die selber ... so etwas wie »Ideen« sind?

SOKRATES: Nein, das natürlich nicht! – Die Sache ist sehr schwierig. Da ist zum Beispiel das Feuer. Es ist zwar nicht identisch mit dem »Heißen an sich«, mit dem unwandelbar »Ur-Heißen« sozusagen; aber es ist ihm so nahe verwandt und so eng mit ihm verknüpft, daß auch das Feuer niemals kalt werden kann. Das darf man doch sagen?

KEBES: Ja, das ist richtig. Aber ich sehe nicht, was du damit willst.

SOKRATES: Ist nicht die Seele das, wodurch der Leib lebendig ist?
KEBES *etwas erstaunt:* Natürlich!
SOKRATES: Und ist das nicht immer so? Wenn der Leib lebendig sein soll, dann muß darin die Seele wohnen?
KEBES: Ja, das ist immer so.
SOKRATES: Also, wo auch immer die Seele ist, da bringt sie das Leben mit sich?
KEBES: So scheint es zu sein.
SOKRATES: Und was ist das dem Leben Entgegengesetzte?
KEBES: Der Tod.
SOKRATES: Wenn nun das Feuer niemals kalt wird, noch auch das Kalte an sich heranläßt – kann dann wohl die Seele, die immer das Leben bringt und bei sich hat, jemals das Gegenteil davon an sich heranlassen, den Tod?
KEBES *sich etwas unsicher umblickend:* Ich meinesteils wüßte hiergegen nichts einzuwenden. Aber vielleicht hat Simmias etwas vorzubringen – oder sonst jemand? Jedenfalls sollte er dann nicht schweigen, meine ich.
SIMMIAS *mit zweifelnder Gebärde:* Ganz überzeugt bin ich nicht! Einzuwenden allerdings weiß ich auch nichts. Schließlich sind die Dinge ziemlich kompliziert...
SOKRATES: Du hast ganz recht, Simmias! Sogar wenn ihr schon überzeugt seid, müßt ihr eure ersten Voraussetzungen immer neu überprüfen! Dann werdet ihr – vielleicht – Schritt für Schritt zur Gewißheit kommen; zu dem Grad von Gewißheit, wie er menschenmöglich ist.
Sokrates steht auf, geht zu dem Tisch, nimmt wieder die Papiere zur Hand und legt sie schließlich zu den Büchern zurück. Dann lehnt er sich, die Hände auf dem Rücken, an die Wand. Sein Blick ist in die Ferne gerichtet, und er spricht im folgenden mehr zu sich selbst als zu den Freunden hin.

Wenn aber wirklich die Seele nicht stirbt... dann tut man gut daran, sehr sorgsam auf sie achtzuhaben.

SIMMIAS: Was meinst du damit?

SOKRATES *nachdenklich:* Ja, Unsterblichkeit ist eine ...furchtbare Sache.

SIMMIAS *erstaunt und ungläubig:* Eine furchtbare Sache? Unsterblichkeit?

SOKRATES: Für den, der nicht das Gute will – ja! Etwas Furchtbares und eine entsetzliche Gefahr! Ihm müßte es ja, im Gegenteil, sehr willkommen sein, im Sterben von einfachhin allem loszukommen, nicht bloß vom Leibe, sondern auch von der Seele und von all ihrer Schlechtigkeit. Aber was wir selber sind, gut oder schlecht – das nehmen wir mit! Es ist das einzige, das wir mitnehmen in die andere Welt.

Ihr kennt ja die uns seit alters überlieferte Kunde! Der Daimon, der gleiche, in dessen Schutz auch der Lebende steht, führt den Gestorbenen an den Ort des Gerichtes. Dort aber wird das Urteil gesprochen – über die Guten nicht anders als über die Bösen. Viele natürlich sind zwischen beiden in der Mitte; sie haben ein durchschnittliches Leben geführt, haben wohl auch Schlimmes vollbracht, aber doch nicht von solcher Art, daß es nicht zu heilen wäre. Die werden an einen Ort der Läuterung geschickt, wo sie Sühne leisten und sich reinigen von ihrer Schuld.

KEBES: Ja, ich weiß, so sagt die Überlieferung. Aber – wie soll das zugehen? Wie wird die Seele »gereinigt«?

SOKRATES: Durch Qual und Schmerz! Anders kommt man vom Unrecht nicht los. Weder hier noch drüben![8] – Ist aber die Zeit der Strafe abgelaufen, so werden die Seelen vor jene gebracht, denen sie unrecht getan haben; und erst, wenn diese ihnen Verzeihung gewähren – erst dann sind sie frei.

Die von Grund auf Schlechten aber, deren Bosheit als unheilbar befunden worden ist, stürzen in den Tartaros hinab und kehren niemals daraus zurück.

Endlich die, welche so gelebt haben, wie es der Gottheit gefällt: sie bleiben frei von aller Gefangenschaft; sie werden sogleich in jene reine Behausung geführt, wo in den Tempeln nicht die Bilder der Götter sind, sondern sie selber, die Götter selbst! Es wird ein wahres Beieinanderwohnen sein von Göttern und Menschen.

Sokrates scheint sich nur mit Mühe aus dieser Vision zu lösen; er schweigt eine Zeitlang; dann atmet er tief auf und wendet sich an Simmias, der zu ihm getreten ist, und kehrt allmählich in die gewöhnliche Weise des Gespräches zurück.

Ja, lieber Simmias, es lohnt sich schon, gut zu sein und nach seiner besten Einsicht zu leben. Was dann zu hoffen steht, ist über die Maßen herrlich. – Nun, daß sich alles Wort für Wort so abspielen wird, wie man es erzählt – das läßt sich natürlich verständigerweise nicht behaupten.

SIMMIAS *überrascht und zugleich sich in etwa bestätigt fühlend:* Ach – du selbst hältst dies also auch für eine bloße Geschichte?

SOKRATES: O nein, nicht für eine »bloße« Geschichte! Für eine Geschichte – ja. Für symbolische Rede, für ein Gleichnis, ein Bild. Aber dieses Bild ist völlig wahr! Mit all unserem Forschen werden wir nichts Wahreres entdecken.[9] – Und daß es also annähernd so bestellt sein wird um unsere Seelen und ihre Behausung – das sollte man durchaus zu glauben wagen! Das wäre einmal ein gutes Wagestück!

Wer jedenfalls in seiner Lebenszeit, in der Spanne Zeit, die wir »Leben« zu nennen gewohnt sind! – wer darauf bedacht gewesen ist, seine Seele zu schmücken, nicht mit fremdem, sondern mit dem ihr selber eigenen Schmuck: mit Wahrheit, mit Gerechtigkeit, mit Tapferkeit – der braucht sich nicht zu fürchten. Gelassen kann er der Wanderung in den Hades entgegensehen und voller Bereitschaft, aufzubrechen, wenn es soweit ist.

Freilich, man muß sich selber verzaubern [sozusagen] und sich besprechen mit solchen mythischen Geschichten. Darum verweile ich auch schon so lange dabei und spinne sie immer weiter aus.

Nachdem Sokrates zuletzt wieder mehr zu sich selbst und in einer Art Entrücktheit gesprochen hat, wendet er sich nun endgültig der konkreten Situation und Umwelt zu. Er geht zu seiner Pritsche und setzt sich.

Ihr allerdings, Simmias, Kebes und ihr anderen – ihr werdet euch erst später auf den Weg machen, jeder zu seiner Zeit. Was aber mich betrifft – nun, ein Tragödiendichter würde sagen: »Mich ruft das Schicksal« – schon jetzt, in diesem Augenblick!

Dies letzte ist gesprochen mit einer Art von parodistischer Pathetik, worin sich überlegene Heiterkeit der Seele verknüpft mit dem ein wenig mißlingenden Versuch, auch die Freunde aus ihrer Traurigkeit zu reißen. – Kriton ist der einzige, der mit realistischer Nüchternheit das praktisch Nächstliegende im Auge behält.

KRITON: Nun also, Sokrates! Hast du noch irgendwelche Aufträge für uns hier, für mich oder für die anderen? Etwa in bezug auf deine Söhne? – Oder womit sonst können wir dir noch einen Gefallen tun?

Sokrates sieht ihn voller Ruhe an. Im Ton seiner Antwort ist zugleich Nachsicht und Unbeirrbarkeit.

SOKRATES: Mit gar nichts anderem, Kriton, als wovon ich schon immer geredet habe! Sorgt auf die rechte Weise für euch selbst – dann tut ihr mir und euch einen Gefallen, und auch den Meinen! Auch wenn ihr das jetzt gar nicht eigens versprecht. – Wenn ihr aber aus den Augen laßt, was euch wahrhaft gut ist... *macht eine wegwerfend-annullierende Geste* ach, da könnt ihr mir jetzt so viel beteuern, wie ihr mögt, dann...

KRITON *ihn ungeduldig unterbrechend:* Aber ja, Sokrates! Das alles werden wir ganz sicher tun! Daran soll es wahrhaftig nicht fehlen! Aber... *Er blickt sich etwas verlegen im Kreise um, bringt aber dann eine weitere, von ihm für dringlich gehaltene Frage mit Resolutheit vor.* Aber wie sollen wir es halten ... zum Beispiel mit deiner ... Bestattung?

SOKRATES *mit etwas übertreibender Gleichgültigkeit:* Oh, macht das ganz, wie ihr wollt!

Nach einem kurzen Schweigen fährt er, listig lächelnd, fort: Vorausgesetzt, daß ihr mich noch zu fassen bekommt! Vorausgesetzt, daß ich euch nicht inzwischen entwischt bin! *Er lacht vor sich hin, schüttelt den Kopf und blickt sich in der Runde um.* Diesen Kriton, Freunde – den überzeuge ich nicht! Er meint noch immer, der Tote, den er bald zu sehen bekommen wird, sei Sokrates! Daß ich aber all die Zeit davon gesprochen habe, ich werde gar nicht mehr hier sein, wenn ich den Becher getrunken habe, sondern werde entrückt sein auf die Inseln der Seligen – dies alles, denkt er, sage ich nur so, um mich zu beruhigen und euch dazu. – Ihr müßt ihm jetzt Bürgschaft leisten für mich, genau umgekehrt, wie er für mich Bürgschaft geleistet hat bei Gericht: nicht daß ich hierbleiben werde, sondern daß ich im Gegenteil mit Sicherheit davongehen werde! Dann wird es ihm leichter sein zu sehen, wie mein Leib begraben oder von der Flamme verzehrt wird. Mir selber geschieht ja bei alledem nichts Schreckliches! *Er wendet sich wieder dem Kriton zu.*

Sei also guten Mutes, Kriton! Es ist nur mein Leib, den du bestatten wirst. Und damit magst du es so halten, wie es dir gut dünkt und wie es dem Brauch entspricht.
Inzwischen ist der Wärter eingetreten. Er bleibt zunächst in der Nähe der Tür stehen und läßt Sokrates zu Ende reden. Dann tritt er vor ihn hin. Simmias und die anderen machen ihm Platz. Phaidon, der noch immer unbewegt, aber mit großer Aufmerksamkeit alles verfolgend, auf dem Schemel neben der Pritsche des Sokrates sitzt, blickt erschreckt zu dem Wärter hin.

DER WÄRTER: Ich bin sicher, Sokrates, du wirst mir nicht zürnen, wie die anderen meist, wenn ich ihnen anzukündigen habe, daß der Schierlingsbecher nun getrunken werden muß. Die ganze Zeit schon bin ich überzeugt: niemals zuvor hat ein besserer Mann dies Gefängnis betreten. – Du weißt also, was mein Auftrag ist?
Sokrates nickt, vor sich hinblickend.
So lebe denn wohl! Und versuche, das Unvermeidliche mit Gelassenheit zu tragen.
Der Wärter wendet sich zum Gehen und verläßt, von einem plötzlichen Weinen geschüttelt, rasch die Zelle.

SOKRATES *ihm nachrufend:* Lebe wohl, auch du! Und ich werde so tun, wie du sagst. *Nach einer Pause des Schweigens, zu den Freunden gewendet:* Welch ein Mann! Wir haben oft miteinander geredet. Immer ist er freundlich zu mir gewesen. Und nun kommen ihm die Tränen! *Zu Kriton:* Aber jetzt müssen wir seine Ankündigung wahr machen. Kriton, sieh zu, daß sie den Becher bringen.

KRITON *leicht ungeduldig, auf die noch ziemlich hellen Fenster hinweisend:* Die Sonne steht ja noch über den Bergen! Es ist noch nicht die Zeit. – Außerdem, ich weiß gut: mancher hat es sehr lange hinausgezögert. Es hat gar keine Eile!

SOKRATES *freundlich-vorwurfsvoll:* Kriton! Die anderen hatten sicher einen Grund, zu zögern. Ich aber habe Grund, es nicht zu tun. Ich gewinne nichts dabei. Ich mache mich nur vor mir selber lächerlich. – Also tu, wie ich dir sage!
Kriton geht hinaus. Alle schweigen. Nach kurzer Zeit kommt er zurück. Hinter ihm tritt der Gerichtsdiener ein, den Schierlingsbecher in beiden Händen tragend.
Phaidon ist von seinem Schemel aufgesprungen und weicht zurück bis zur Wand, an die er sich mit dem Rücken preßt. In dieser Haltung verharrt er bis zum Schluß, den entsetzten Blick voller Mitgefühl unverwandt auf Sokrates gerichtet.
Der Gerichtsdiener stellt den Becher auf den Tisch und bleibt nahebei in dienstlicher Haltung stehen. Sokrates ist zunächst ruhig sitzen geblieben und sieht, seitlich über die Schulter hinweg, ernsten Gesichts zu dem Mann hinüber. Dann steht er langsam auf und betrachtet, die Hände auf den Rücken gelegt, den Becher.
In diesem Augenblick bricht Apollodor in lautes Weinen aus; er wirft sich der Länge nach auf die Pritsche. Kriton und Phaidon versuchen, ihn zu beruhigen.
SOKRATES *sich zu ihnen umblickend:* Was macht ihr denn, ihr wunderlichen Leute! Mir ist seit je gesagt worden, man müsse schweigen, wenn einer dahinscheidet! Seid also gefaßt und schweiget still. *Zu dem Gerichtsdiener gewendet:* Nun, mein Bester, was habe ich zu tun? Du verstehst dich doch auf diese Dinge.
GERICHTSDIENER *in amtlichem Ton, aber nicht unfreundlich:* Nach dem Trinken umhergehen, bis die Beine schwer werden. Dann niederlegen.
SOKRATES: Was meinst du, darf man von diesem Trank zuvor den Göttern eine Spende weihen?

GERICHTSDIENER *mit verneinender Gebärde:* Der Becher enthält nicht mehr, als nötig ist!
SOKRATES: Ich verstehe. Aber ein Gebet darf man doch wohl sprechen?
Der Gerichtsdiener zuckt verständnislos die Schultern. Sokrates fährt, nun leiser zu sich selber sprechend, fort:
Man muß es sogar! Man muß die Götter bitten, daß die Übersiedlung von hier nach drüben mit Glück vonstatten gehe.
Er sieht sich im Raum um und faßt Tür, Fenster, Pritsche sowie die Freunde mit einer verwunderten Aufmerksamkeit ins Auge.
Dies ist es, das ich nun erbitten will.
Er legt die Arme vor der Brust so zusammen, daß beide Hände die Ellbogen halten, schließt für einen Moment die Augen und atmet tief auf.
Möge es so geschehen!
Dann ergreift er, völlig in sich gekehrt, den Becher und setzt ihn schweigend an die Lippen. Währenddessen wird, mit der flüsternden Stimme des Sokrates selbst, ein Satz aus der Verteidigungsrede wiederholt:
STIMME DES SOKRATES: »Auch ich stamme ja nicht vom Felsen ab oder von der Eiche. Auch ich stamme wahrhaftig nicht vom Felsen ab!«
Noch bevor Sokrates den Becher geleert hat, wird der Blick des Betrachters auf Phaidon gelenkt, der, während ihm die Tränen über das Gesicht strömen, noch immer von der Wand her stumm zu Sokrates hinüberblickt.

Dann verwandelt sich sein Gesicht in das des Berichterstatters Phaidon, der wie zu Anfang auf der Bank sitzt, den Blick geradeaus ins Leere gerichtet.
Es ist inzwischen dunkel geworden. Echekrates steht im

tiefen Schatten eines Baumes; er ist nur so weit sichtbar, als das Licht [des Mondes oder einer – unsichtbaren – Straßenlaterne] ihn erreicht. Beide verharren eine Zeitlang schweigend und regungslos. Dann steht Phaidon auf und zieht fröstelnd seine Jacke an.

ECHEKRATES *dessen Gesicht im Schatten bleibt:* Wie ging es zu Ende? Hat Sokrates noch etwas gesagt?

PHAIDON: Als er den Becher leer getrunken hatte, ging er eine Weile, ohne ein Wort zu sagen, in der Zelle auf und ab. Das Gift begann zu wirken. Die Beine wurden ihm schwer. Er legte sich auf die Pritsche. Natürlich war der Gerichtsdiener die ganze Zeit dabei; das ist Gesetz. Dieser Mann preßte ihm ab und zu die Füße und die Schenkel, wobei er jedesmal fragte, ob er es spüre. Sokrates sagte: nein. Schließlich zog er sich die Schlafdecke über das Gesicht. Aber dann schlug er sie noch einmal zurück und verlangte nach Kriton. »Kriton« – das Sprechen fiel ihm schon schwer – »Kriton, wir schulden dem Asklepios noch einen Hahn. Opfert ihm den. Vergeßt das nicht!«

ECHEKRATES: Ein Dankopfer für die Genesung? Was sollte das bedeuten?

PHAIDON: Ja, das haben wir uns auch gefragt. Für die Genesung von der »Krankheit des Lebens« – vielleicht. Natürlich sagte Kriton: Ja, ja, wir würden das ganz gewiß tun; aber – vielleicht habe er sonst noch etwas zu sagen? – Doch hatte Sokrates sein Gesicht schon wieder zugedeckt. Er gab keinerlei Antwort mehr. Inzwischen war die Wirkung des Giftes bis zum Herzen gedrungen, und sein ganzer Körper begann heftig zu zucken. Dann, auf einmal, wurde er ruhig. Der Diener schlug das Laken zurück, und wir sahen, daß er tot war. Kriton trat sogleich zu ihm hin und schloß ihm den Mund und auch die

Augen. Niemand von uns anderen hätte das zu tun vermocht.

Phaidon geht zu Echekrates hin, so daß nun beider Gesicht im Dunkeln ist.

Das ist alles, was ich weiß. So starb Sokrates, unser Freund, der beste unter allen Männern, denen wir je begegnet sind – von niemandem übertroffen, weder an Weisheit noch an Gerechtigkeit.

NACHWORT

ANMERKUNGEN

NACHBEMERKUNG
ÜBER DIE GEGENARGUMENTE

Gegen die hier vorgelegten Versuche melden sich so viele ernst zu nehmende Bedenken zu Wort, daß man kaum weiß, wo beginnen.
Der Grund, weswegen ich mich schließlich dennoch nicht darum gekümmert habe, läßt sich in einem einzigen Satz aussprechen. Es war mir darum zu tun, das in den platonischen Dialogen wahrhaft Gesagte und Gemeinte möglichst vielen Menschen dieser unserer Zeit vor die Augen zu bringen, und zwar nicht so sehr um der Historie, als vielmehr um der lebendigen, über die Zeitalter hin gültig gebliebenen Wahrheit willen, die hier auf unvergleichliche Weise anschaubare Gestalt geworden ist.
Der Anspruch dieser »Spiele« geht also ausdrücklich nicht aufs Literarische. Am ehesten könnte man sie als »Lehrstücke« bezeichnen, womit freilich wiederum ein nicht leicht formulierbares und jedenfalls kein geringes Richtmaß gesetzt wäre. Immerhin zeichnet sich schon einiges von den Voraussetzungen und Erfordernissen ab, denen unbedingt zu genügen war.

Am leichtesten noch, scheint mir, läßt sich die kritische Frage beantworten, ob es nicht, aufs Ganze gesehen, unmöglich und außerdem so etwas wie eine Ungehörigkeit sei, das Werk Platons überhaupt mittels der »Massen-Medien« zugänglich machen zu wollen. Meine Antwort ist: daß niemals Lehren und Belehrtwerden anders zustande kommen als indem die Lernenden an genau dem Orte aufgesucht und erreicht werden, an welchem sie sich, ob das nun erfreulich ist oder nicht, tatsächlich befinden.

Keiner hat das besser gewußt als der platonische Sokrates, der sich nicht einen Augenblick für zu bedeutend gehalten hat, von Flickschustern, von Weberschiffchen, von Kälbern und Füllen zu reden, um noch dem schlichtesten Gesprächspartner anschaulich zu machen, was es mit so schwierigen Begriffen wie »Idee« und »Tugend« in Wahrheit auf sich habe. – Das Große an diesem Lehrer liegt freilich darin, daß er dennoch jede unerlaubte Vereinfachung zu vermeiden weiß. Sie ist die Klippe, die alle Bemühung des Lehrens und des Übermittelns bedroht. Und natürlich wird sie, zugegeben, um so gefährlicher, je sublimer der Gegenstand und je gröber das Instrumentarium der Verdeutlichung. Ob man aber tatsächlich an dieser Klippe scheitert oder nicht – darüber läßt sich im vorhinein nichts ausmachen; das kann sozusagen nur an Ort und Stelle jeweils festgestellt werden.

Das trifft auch für das brutalste Erfordernis zu, vor dem ich in der Tat beinahe kapituliert hätte; ich meine die Nötigung zur radikalen Kürzung der Texte. Offenbar ist es, selbst unter der Voraussetzung des lernwilligsten Interesses, dem durchschnittlichen Zuschauer vor dem Bildschirm nicht zuzumuten, viel länger als, sagen wir, eine gute Stunde mit Platon befaßt zu werden. Jedenfalls wird man es wohl oder übel begreiflich finden müssen, daß man eine längere Sendezeit einfach nicht zugestanden bekommt. Übrigens hat mir ein amerikanischer Universitätskollege nicht ohne einen Anflug von Neid gesagt, drüben sei selbst das schon unvorstellbar.
Nun hätte ich mich auf die geforderte Kürzung des Originals gewiß nicht eingelassen, wäre ich nicht davon überzeugt gewesen, daß es möglich ist, den Kern der platonischen Aussage dennoch zu retten, ja ihn vielleicht auf solche Weise dem

nicht schon Eingeweihten noch einprägsamer zu Gesicht zu bringen. Und selbst wenn die gelegentlich in Kritiken formulierte Alternativfrage richtig gestellt wäre: was wünschenswerter sei, überhaupt nichts von Platon zu wissen oder eine, wie im vorliegenden Fall, so minimale und ungefähre Ahnung vermittelt zu bekommen – sogar dann würde ich ohne Zögern sagen, das Wenige sei immerhin besser als gar nichts, vorausgesetzt allerdings, daß die so hervorgerufene »Ahnung« zutreffend ist und vielleicht gar das Verlangen nach genauerer Kenntnis weckt.

Als die am wenigsten problematische Form der Kürzung erscheint die einfache Raffung des Textes, welche möglicherweise die Gelenke eines gedanklichen Ablaufs erst recht deutlich macht. Die folgende Gegenüberstellung mag das zeigen; in ihr sind die, wie mir scheint, beste deutsche Übersetzung[10] eines Abschnitts aus dem »Symposion« [196b-e] und meine eigene, stark kürzende Wiedergabe einander konfrontiert.

Über die Schönheit des Gottes mag das genügen, so viel auch noch zu sagen bliebe; über die Tugend aber des Eros ist jetzt zu sprechen. Das Wichtigste ist, daß Eros nicht Unrecht erleidet noch tut, weder von einem Gott noch an einem Gott, weder von einem Menschen noch an einem Menschen. Denn er leidet weder selbst durch Zwang, was er etwa leidet, da Zwang nicht an Eros herankann; noch tut er mit Zwang, was er tut; denn jeder	Eros ist aber nicht nur schön, er ist auch gut! Was heißt denn Gerechtigkeit? Daß einer bekommt, was sein ist. Nun, dem Eros dient jeder freien Willens – und also geschieht niemandem Unrecht.

dient freiwillig dem Eros in allem. Was aber einer willig dem Willigen zugesteht, das erklären des Staates Herrscher, die Gesetze, für gerecht. Neben der Gerechtigkeit hat er auch an der Besonnenheit den stärksten Anteil. Denn es herrscht darüber Einverständnis, Besonnenheit sei die Beherrschung von Lüsten und Begierden; keine Lust aber sei stärker als die des Eros. Sind aber die andern schwächer, so werden sie von Eros beherrscht und er ist Herr über sie; und wenn Eros Lüste und Begierden beherrscht, so ist er in besonderem Maße besonnen. Und in der Tapferkeit vollends kann dem Eros selbst Ares nicht das Gleichgewicht halten: denn nicht Ares besitzt den Eros, sondern Eros den Ares – der Eros zur Aphrodite, wie erzählt wird –; der Besitzende aber ist stärker als der Besessene; wer aber den Tapfersten unter allen beherrscht, der muß der Allertapferste sein. Über Gerechtigkeit, Besonnenheit und Tapferkeit des Gottes so viel; es bleibt aber noch übrig, von seiner Weisheit zu reden. Soviel ich's nun vermag, soll versucht sein, auch da nicht zurückzubleiben. Und vor allem, damit auch ich mei-

Was sind Selbstzucht und Maß? Daß man Lust und Begehren beherrscht. Eros aber ist stärker als sie alle; er beherrscht sie ausnahmslos.

Und Tapferkeit! Wer hat gesiegt im Streit zwischen Ares und Eros? Nicht der Kriegsgott, sondern Eros!

Was schließlich die Weisheit betrifft – Eryximachos, du hast von deiner Disziplin gesprochen, von der Heilkunst; ich muß jetzt von der meinen rener Kunst die Ehre gebe, wie Eryximachos der seinen: der Gott ist ein so weiser Dichter, daß er auch andere dazu macht; wird doch ein jeder zum Dichter, »auch der nichts wußte von den Musen einst«, wenn ihn Eros berührt. *(Boll)*

den, von der Poesie. Macht nicht Eros jedermann zum Dichter? *(Pieper)*

Eine weit schwierigere und auch fragwürdigere Sache als die kürzende Zusammenfassung eines Textabschnitts ist die bei unserem Vorhaben gleichfalls nicht vermeidbare Streichung ganzer Passagen. Damit nämlich steht klarerweise zur Entscheidung, was im Ganzen der platonischen Konzeption »wesentlich« sei und was nicht. Es ist gar nichts anderes zu erwarten, als daß hierüber im einzelnen ein unendliches, niemals überzeugend zu schlichtendes Streitgespräch geführt werden kann. Was mich betrifft, so habe ich mich vor allem an die einigermaßen zwingend begründbare Unterscheidung gehalten, die das »Material« einer Aussage von der sie innerlich prägenden forma *trennt, die sich auch eines andersgearteten »Materials« bedienen könnte.*
Die höchst zeitbedingten »naturwissenschaftlichen« Theorien vom Bau der Erde zum Beispiel, die Platon im »Phaidon« mit der Wiedergabe des eschatologischen Mythos verknüpft, gehören, wie ich überzeugt bin, zur Beschreibung des Gehäuses, in welchem das nach Platons eigener Meinung allein Wesentliche sich zuträgt; sie sind genausowenig das Wesentliche wie etwa die Schilderung der Gerichtswiese an der unterweltlichen Wegkreuzung – womit allerdings beileibe nicht behauptet sein soll, daß Platon die Kosmologie seiner Zeit nicht ernst genommen und daß sie nicht auch seine Jenseits-Vorstellungen tatsächlich mitbestimmt habe. Dennoch

kann man dies »Material« preisgeben, ohne daß damit auch nur ein Jota gestrichen wäre vom Kern der platonischen Auskunft, welche in diesem Falle vor allem eines besagt: das endgültige Manifestwerden des wahren Resultats der hiesigen Existenz geschehe auf der anderen Seite des Todes, in einem unserer Vorstellungskraft unzugänglichen Ereignis, welches in symbolisch-mythischer Rede »Totengericht« heißt.

Ein letzter Punkt: Selbstverständlich konnte auch der solchermaßen durch Auslassungen und durch Hervorhebung des Wesentlichen bereits vereinfachte platonische Text nicht völlig ohne Kommentar gelassen werden. Die damit sich ergebende, sozusagen technische Schwierigkeit bestand darin, daß im Bewußtsein des Zuschauers Text und Kommentar deutlich voneinander unterscheidbar bleiben mußten. Ich habe dies in allen drei Stücken auf jeweils verschiedene Weise zustande zu bringen versucht. Im »Gorgias« geschieht die Kommentierung vor allem durch den modernen Rahmendialog, in den die platonischen Texte eingefügt sind. Im »Gastmahl«, das am wenigsten einer ausführlichen Erläuterung bedarf, ist sie zu Beginn und am Schluß einem unsichtbar bleibenden Sprecher in den Mund gelegt. In dem letzten Stück dagegen ist der Kommentar eingeflochten in den Bericht, worin Phaidon, selber eine im Dialog auftretende platonische Figur, seinem Besucher von den Geschehnissen der letzten Tage des Sokrates erzählt.

All diese Bemühungen aber zielen einzig darauf, im Zuschauer einige fundamentale Existenz-Gewißheiten wachzurufen, zu bekräftigen und lebendig präsent zu halten: die Gewißheit zum Beispiel, daß der entscheidende Sinn menschlicher Rede nicht in der absichtsvollen Beeinflussung des Partners liegt, sondern in der Wahrheitsmitteilung, das heißt, in der mitmenschlichen Kommunikation in bezug auf

Wirklichkeit; daß Unrechttun um ein Unendliches schlimmer ist als Unrechtleiden; daß in der erotischen Erschütterung dem Menschen eine im Hiesigen nicht erfüllbare Verheißung zuteil wird; daß unsere Seele ein unzerstörbares Sein besitzt, daß sie auf der anderen Seite des Todes gerichtet werden wird und daß den, der das Gute will, die unbeendliche Teilhabe am Leben Gottes erwartet.

Wer übrigens anderseits, im noch so gelehrten Studium des originalen Textes mehr um Sokrates sich kümmernd als um Wahrheit, solcherart Einsichten nicht als das eigentlich Gemeinte wahrnähme und sie nicht neu zu eigen gewänne, der hätte trotz allem das im Werke Platons uns wirklich Zugedachte versäumt.

ANMERKUNGEN

[1] Vgl. hierzu den ersten Abschnitt des Dialogs »Phaidros« [227a], worin Phaidros an den Rat erinnert, den Akumenos, der Vater des Eryximachos, zu geben pflegte.

[2] Übernommen aus der ersten Szene der »Frösche« des Aristophanes, worin Dionysos, der Gott des Theaters, in die Unterwelt hinabsteigt, um nach dem Tode von Aischylos und Euripides einen wirklichen Dichter nach Athen zu holen: »Die guten sind tot, und die lebenden sind schlecht« – woraufhin er gefragt wird: »Wo ist denn Agathon?«

[3] Vgl. den Dialog »Gorgias« [521a-522a].

[4] Hiervon ist in Wirklichkeit erst im Dialog »Phaidon« die Rede [115d].

[5] Vgl. das »Symposion« [173d].

[6] Vgl. »Phaidon« [62a 8].

[7] Vgl. die »Verteidigungsrede des Sokrates« [20b].

[8] Diese Sätze sind aus dem am Schluß des »Gorgias« erzählten Gerichts-Mythos übernommen und hier eingefügt.

[9] Vgl. »Gorgias« [517a].

[10] Es handelt sich um die in der Reihe der Tusculum-Bücher [Artemis Verlag, Zürich/München] erschienene Übersetzung von Franz Boll.

Die hier vorgelegten Fernseh-Spiele sind vom Bayerischen Fernsehen [ARD] in den Jahren 1962, 1965, 1967 gesendet worden; zuletzt, im Mai 1989, noch einmal »Gorgias«. Den Erstsendungen hat sich jeweils auch das Oesterreichische Fernsehen [ORF] angeschlossen. – Regie: Walter Rilla; Hauptdarsteller: Heinz Moog [Burgtheater Wien].

Neu-Inszenierung [in Farbe] von »Der Tod des Sokrates« durch das Zweite Deutsche Fernsehen [ZDF] 1979. – Hauptdarsteller: Will Quadflieg.

Einer Anregung des Studio Bern folgend, hat der Autor alle drei Texte zu Hör-Spielen umformuliert, die 1966, 1967, 1970 im Schweizerischen Radio sowie in mehreren deutschen Rundfunk-Anstalten gesendet worden sind. – Regie: Amido Hoffmann; Hauptdarsteller: Mathias Wieman, Will Quadflieg.

Die Fernsehspiel-Versionen der drei Stücke dieses Buches liegen ab Frühjahr 1994 als VHS-Cassetten vor.

Anfragen erbittet:
Katholisches Filmwerk GmbH
Postfach 11 11 52
60046 Frankfurt
Tel.: 069 / 75 20 88
Fax: 069 / 74 89 94